江鴻 著

最早的中國大航海家——鄭和

中華書局印行

鄭和塑像（南京鄭和公園）

Cheng Ho in Ming-Tracht (Nanking)

雲南晉寧鄭和紀念館

Gedenkhalle Cheng Ho's in seiner Heimatstadt
Djin-ning , Yuennan

鄭和墓（南京牛首山南麓）。北平亦有鄭墓，不知孰真。

Cheng Ho's Grab in Nanking

南京馬府街鄭和故居。故址一部分已改為公園。

Cheng Ho's Wohnhaus (Nanking)

南京龍江寶船廳船塢遺址

Schiffbauwerft in Nanking

江蘇太倉瀏家港。位於瀏河入長江口，為出航起點。

Ausfahrthafen der Flotte in Liu-ho am Yangtse , Tai-chang

鄭和船隊

Cheng Ho's Flotte

Denkstein in Fu-tschou von Cheng
Ho (1430)

福建長樂「天妃靈應之記」碑。
鄭和立於最後一次出航時，宣德
五年（一四三〇）。

印尼蘇門答臘亞齊萬達拉惹博物館藏鄭和贈亞齊王子之青銅鐘。

Geschenk von Cheng Ho an Pring
von Summatra (Museum)

民國七十一年在福建南平出土之銅鐘。鄭和同年祈禱平安出航之用。

Glueck wunschglocke Cheng's zur
8 Expedition

鄭和在錫蘭所立石碑。一四〇九年立。

Denkstein von Cheng Ho in Ceylon's Museum

上述石碑出土處在錫蘭南端高爾。

Ausgrabung Cheng's Denkstein's in Galle , Ceylon

印尼三寶廟

Sanbao's Tempel in Indonesia

泰國古都阿優吐三寶廟

Sanbao's Tempel in Thailand

馬來西亞麻六甲市三寶廟

Sanbao's Tempel in Malakka, Malaysia

Sanbao's Brunnen in Malakka

麻六甲港三寶井

目錄

目　錄

一

顧序

中國為一大陸國家，地廣人多。海岸線與人地之比較小，向以位居世界之中自稱中國。因之治國之道，偏重國土與人民，對於海外，興趣極小，而對四周之鄰邦及人民，更因其文化及歷史落後，一向視為蠻番，不予重視並列。因此關係，既無意向海外發展，乃不注意航海。一切對外貿易，均聽由外人甚至海盜經營。華南沿海各省，則因地緣關係，民間航海發展較早，但規模不大，惟元代統治中國雖短，初期曾一度注意海外航行及戰船。五千年來，出自帝王旨意，發展航海事業者，僅有明代永樂帝之短暫時期。永樂皇帝為求發展海外貿易，顯耀中國之強大及爭取海外各國之朝貢，始打破傳統之閉關自守先帝政策，推行航海政策達四十四年。授命大航海家總兵鄭和主持其事。鄭和者，為百年前元代由中東移墾雲南省阿拉伯波斯人之後裔，姓名均為永樂帝所頒賜者也。

作者江鴻教授此書，詳述鄭和之八次航海，曾到印尼、馬來西亞、印度、阿拉伯及東非各國，實具有兩大目標。第一在喚起世人對此最早大航海家鄭和之注意，勿令較晚八十年之哥倫布專美於世。第二則在喚起世人追尋鄭和各地之遺蹟，尤其希望各地華僑，群起大力協助。

作者對於鄭和之八次航海，一一分析考據比較，去僞存眞，詳盡確實，所製各種圖表，

更有助於世人對於中國史地之了解與認識也。

顧德邇謹序 Prof. Dr. Manfred Kuder

前德意志聯邦共和國駐台北文化中心主任

自　序

自余於民國四十九年十二月於出席在錫蘭舉行之第四屆聯合國亞洲及遠東水利開發技術會議之際，曾親訪鄭和於永樂七年（一四〇九）在錫蘭 Galle 某佛寺親立之石碑（一九一一年發現，經移存可倫坡市立博物館）後，即立志追究其事。迄至五十七年（一九六八）由北非遊西班牙時，鑒於各地對於哥倫布之紀念館紀念物，乃至各都市之大街旅館，常以哥倫布命名，益增對於鄭和之航海研究之決心。直至退休以後，始能開始。曾先後在新聞報、民族晚報撰文闡述鄭和之航海事蹟，終於四年前完成此書。原期此書或對航業鉅子董浩雲拍製鄭和電影之志願，有所幫助。不幸書成之時，董氏已逝。乃一面就德友顧德邇博士再度來台擔任台大客座教授之便，以半年時間，每週會商兩次，由余先以德文寫出，繼以口述，顧氏速記，然後由顧夫人打字謄清，並增加第五節造船及航海技術，德文稿始告完成。僅附錄哥倫布一篇，係供國人參考之用，故而未譚。並於去歲由余面交西德卜內門港大學校長及航海教授范‧狄肯士（Van Dickens）博士，由彼負責在德發表，作者於此謹表對於顧德邇夫婦誠摯之謝意。一面轉託在新加坡之友人孫兆興李舒華夫婦，請其在印尼親訪雅加達及泗水之遺蹟均承照辦。一面請基隆港務局局長袁鐵忱洽商基隆市府，於該市計劃興建之文化中心內，決定以航海爲

三

重點政策之下，特設鄭和紀念館，並承認可。去春更於訪問菲律賓之便，幸晤我駐菲代表劉宗翰博士，面詢鄭和是否曾到菲屬之蘇祿，回稱確有其事，該地至今尚有鄭和廟。惜事後雖經去函請其代為收集有關照片傳說，迄無復音。又經函請僑務委員會，於十月慶典各地僑胞返國之便，面請各僑胞在各地分別搜集與鄭和有關之資料，復函則謂各地青年僑胞，對此均不明瞭，聞之曷勝浩歎！目前僅有老友王文山，於去春返台之際，對此極感興趣，願以兩年之力寫成歌劇。似此則鄭和紀念館一事，勢非短期內所能達成。因此唯有先行將此書付印，期能藉此喚起國人普遍注意，尤其海外各地華僑，如能全力協助，則鄭和紀念館，或有建立之希望也。

本書為作者一生唯一用中德兩種文字所寫之著作，採用工程圖表辦法，以解決史地問題。如由鄭和身世表，證明其曾祖當係在一二八五年移滇。由出航表可以確定鄭和先後出航八次，由海線圖可知鄭和各次出海地點及航線，由遺跡圖，更可作追尋鄭和遺跡之根據。讀者可無需文字之詳述，即可了解。去歲四月，作者避壽美國，仍先後收到親友之賀儀，乃以全部所得，以印本書，俾得還饋親友，以作紀念。復念研習德文既受母校同濟大學五年之獎學金於前，復獲德國宏博基金會之兩屆研究補助費於後。此書之成，均出上述二機構之所賜。今年復承宏博基金會不遺在遠，來函慶祝作者八十生辰，誌此以示感謝之忱。此外作者先後擔任德奧瑞同學會及改組之中德文化經濟協會理事，達數十年，對於中德文化之交流，愧未

盡力，此書之成，或可聊紓歉忱歟！

本書之編排及|中德文之核校，均由六十年老友黃|友|訓教授擔任，謹誌謝忱。

江　鴻　七十四年四月

最早的中國大航海家—鄭和

第一節　爲何要紀念鄭和及如何紀念鄭和

在鄭和以前或同時，中國出過不少探險家，如張騫、玄奘、法顯、尹慶。然而別人均不及鄭和之有幸。鄭和不但揚威海外，流傳後世，南洋各地還有祠有廟（但國內則無墓無廟無紀念！）。各地華僑更迄今仍年年對他膜拜遊行。甚至在他去世之後（或在世之時，待查），在明代便已有人爲其寫下了故事（羅懋登之西洋通俗演義）或編寫戲劇說書。讀書敏求記曰：「蓋三保下西洋，委巷流傳甚廣，內府之戲劇，看場之平話，子虛烏有，皆流俗爲丹青耳。」時至今日，中外學者，仍不斷有鄭和航海研究之發表，與其他探險家相較，鄭和可算有幸。此雖與其八次（下有說明）航海，歷時最久，三次武功，各地封王賜印通商有關。更可貴的，卻在表現了中華民族之愛好和平，伸張正義，不佔領土地，以德服人，同化而不消滅異族、扶弱抑暴的仁政。（註一）不似哥倫布所到處，先插上十字架和西班牙國旗，立即予以佔領，設置總督。但是與歐人之對哥倫布相比，鄭和竟還不能位列大探險家之林，則又何其不幸。然而他的不幸，罪不在他，而在我們後人之不對他的航海，作成有系統之研究。國人之病，在於馬馬虎虎，不求甚解。當時既無完整之記錄，事後又乏科技之研究。無怪乎巴金森在其所著多少東西對抗一書裡說：「東方人失敗的原因，第一是科技。中國人最早發明了

第一節　爲何要紀念鄭和及如何紀念鄭和

一

火藥，蒙古西征時，大砲更優於西方。結果西方人加以研究改進，終於在一八五一年發明了來福槍。其次在缺乏進步的觀念，東方人沉緬於過去，因此不求振作，徒知傷感。第三是相信宿命論和無爭（和平與無爭相差幾希）的觀念，因之在弱肉強食的環境中不能自救。最後則是缺乏時間觀念，因之總是拖延不前乃至太晚。」這些分析，都是對的。如今我們雖然已有改進，坦白檢討，仍嫌不夠。舉例言之，我們常以發明指南針、造紙、造船、馬鐙、船舵、印刷、醫藥針灸乃至火藥而自豪，但是却從來沒有一處有關的研究所或博物館。我僅在美國威士康辛州蘋果市 (Appletown) 看到了中國人造紙的設備。在西德邁因市 (Mainz) 顧吞堡 (Gutenberg) 博物館看到了印刷的模型。在西班牙卡地市 (Cadiz) 看到了哥倫布博物館。而我們呢，甚麼都沒有。因之本文便主張先從籌建鄭和博物館或紀念館開始。

作者出國多次，特別是那次西班牙兩週之遊，到處都看見道路、廣場、旅館，紛紛以哥倫布命名。而我們對鄭和，却什麼都沒有。卡地市當初哥倫布準備探險的基地和房屋，如今尚保留作為哥倫布紀念館。不但展示了歷次航海的地圖，而且經常利用該館舉辦國際性航海研討會。舍維雅市 (Sevilla) 吉若兒大 (Giralda) 教堂中，也和其他帝王要人一樣，將哥倫布的石棺陳列其中（一說哥倫布的遺骸，埋葬在多明尼加。），另有四個石人，抬着一個百寶箱，以紀念哥倫布為西班牙找來了財富。另外在巴塞隆納 (Barcelona) 港口，安置了一艘哥倫布當時第一次出航的座船聖馬麗亞 (Santa Maria) 號複製品。碼頭上則建立了一座高聳入雲的哥倫

二

布紀念塔。頂上爲一地球，哥倫布則立於地球之上，手指西方。反看我們，對於早於哥倫布

八十七年航海的鄭和，又有任何紀念物呢？假如鄭和不是中國人，我想絕不會如此不受重視

的。我又有一次去錫蘭參加一次國際性水利會議，事先在大英百科全書上檢查有關資料，發

現竟有鄭和在錫蘭的兩椿事蹟。其一爲在 Galle 發現鄭和所立的三文石碑。另一則爲鄭和曾

在錫蘭與土王作戰將其俘送中國，旋蒙釋還。因此我們便在錫蘭開會之餘，遍找此一石碑。

終於山可倫坡市政府找到了博物館，再於博物館的廢物堆藏室亂堆中找到那塊石碑及碑前

之說明（註二）。由以上兩種刺激，激發了我對於鄭和及哥倫布之研究比較。十幾年下來，由

幾十種中外書籍，總算對於二人，有了相當了解。對於二人之航海，大致已可作一比較。不

過對於船隻、航海技術、通信（是否如唐太宗或波斯人之用通信鴿），以及鄭和當時使用之

武器，則不敢盲目鑽研，而國內學者專家，不乏有志研究之士，不如留待他們去補充。竊意

如若集全國海內外之專家學者，設一鄭和研究學會，將有關之書刊照片（星大馬大華僑社團

、華僑傳說，各地與其有關之建築、塑像、畫像、風俗習慣、紀念節膜拜遊行等等）予以搜

集整理，再由學會派員分往鄭和頒印封山立碑設廠各地，詳加調查攝影或複製。一方面則由

國內歷史學家，將明代各國貢品賞賜貿易查清，製成模型，則將來鄭和紀念館，即可充實完

善。鄭和紀念館之成立，不但對於先賢之偉業，中國文化之宣傳，國人之激勵，僑胞之鼓舞

有莫大作用，更可展示國人對於科技之研究精神，乃至招徠國外之觀光客。尤其在目前復興

第一節　爲何要紀念鄭和及如何紀念鄭和

三

基地台灣省，急待發展造船航海事業的時候，先建鄭和紀念館更有其特別意義。最後則將對於鄭和之研究，公諸於世，使鄭和之航海偉績，藉紀念館書刊電影，展示於全世界，則世人亦將公認鄭和為最偉大之航海家了。推動辦法，最好由中國文化復興委員會、僑務委員會、中央研究院、歷史研究所、觀光局、造船界、航業界等共同負責，並資助電影電視公司拍攝影片。發動各地華僑，群策群力，請其協助。則不出一二年，必然可以收集許多資料，然後再予整理，求其完整和有系統。則鄭和紀念館之建立，指日可待。作者雖已老邁，猶有決心，一俟鄭和傳完成之後，負責譯成德文，另請專家譯成英法文，向國際發表。尚祈海內外專家學者，群策群力，共同完成，作者幸甚，鄭和幸甚。

本文附有作者創作之圖表數種，目的在以工程圖表方法，圖解史地問題。此項作法，曾經試用於作者另寫之兩項研究。一為戰國後期漢胡人物先後對照表（見拙作從馬的興衰談到中國有關之科技）；另一則為一千年來中國歷代史地關係圖（見拙作由鮮卑談到西伯利亞之今昔）。自信或可供今後研究史地方法之參考。因其不但明晰醒目，時間先後、疆域範圍，均遠較文字及數字之表達，更為容易正確；另一優點，厥為易於記憶不忘，有助於時間先後、疆域範圍問題之解決，及便利學者之記憶也。（見本書德文版第九頁）

註一

鄭和每次出航，均帶有四衞海防軍（明初為防海寇，在沿海各省設有二十四衞，每衞兵力五千六百人，和所帶為南京軍區四衞。）如每次出航，也和哥倫布一樣，到處佔領，則每次至少可以佔領四國，八次即可佔三十二國，則中國即可將鄭和航行所到之處，全予佔領。然而鄭和並未如此，雖然是明帝的政策，卻更證明中華民族之和平及尊重異族之正義感。

註二

六十四年三月十六日台灣新聞報載江鴻寫籌建鄭和博物館建議：我便在錫蘭島找到了鄭和所立的石碑。碑高不過三尺餘，寬約二尺，上面刻有三國文字，右面為中文，每字大小如兩毫銀幣，左上方為波斯文，下方為當地塔密文。碑前有博物館所加說明：

：「該碑係於一九一一年在 Galle 地方發現，係中國將軍鄭和於一四○九年第二次（四次出海）過境時所立，當係在中國刻好帶來。」碑文如下：

大明皇帝遣太監鄭和王清濂等昭告於佛世尊曰

不仰維慈尊圓明廣大道德玄妙法濟群倫魔趵河沙約歸弘化能仁慧力妙應無方維錫蘭山介乎海南信言梵刹靈翁張比者遣使詔諭諸番海道口開鴻願慈祐人無災刧來往無虞永惟大德禮用報施謹以金銀織金絲絲幡香爐花瓶絲表裡灯燭等物佈施佛尊以光供奉惟世尊鑒之。

總計佈施錫蘭山立佛等座供養金一仟錢銀五仟錢各色錦絲五十疋……檀香一十柱。

時永樂七年歲次己丑二月甲戌朔日謹誌

鄭和第三次出海時到過錫蘭並曾作戰，將土王俘回。第四次出海（一四一三至一五年）再到錫蘭，冊封新王，以後錫蘭便不斷對明朝進貢，直到天順三年（一四五九年）先後達四十六年之久。大英百科全書略有記載，但說入貢僅三十年。

又博物館謂該碑可能係在中國刻好帶來之解釋不確，不特該碑並無特殊性質，僅偶然經過，且密塔文非當地人不懂，碑形又小，刻字甚淺。鄭和必帶有石匠，故應為在當地取材僱工刻成。

第二節　鄭和的身世

鄭和先世爲西域人。元初和之曾祖隨元軍移居雲南昆陽。原姓馬氏，當爲回族一般之譯

姓。祖若父均名哈赤。其實哈赤並非人名，回教徒凡曾到麥加朝聖者，槪稱哈赤（Hadji，讀

如哈吉，以下改作哈赤），猶今日之凡曾在國內外修得博士學位者，統稱博士。作者曾在利

比亞服務五年，保證此說無訛。和出生於明洪武四年（一三七一年），距其曾祖移滇時期，尙不

及百年（此又證實外人責我之無正確研究及時間觀念），則其祖先入滇，當在一二八〇年先後。

考蒙古入主中國以前，一二〇六年鐵木眞被尊爲成吉思汗（意爲宇內之帝），一二二七年滅

夏，一二四〇年征服中東花剌子謨（今撒馬兒干波斯阿富汗境）及報達（伊拉克）。一二五

七年，拖雷之子蒙哥繼位大汗。一二五三年，蒙古派速不台領回軍十餘萬東征，先滅在南宋

疆外之南詔國（大理），不二年平全滇。然後以雲南爲根據地，一二六三年征安南，其時忽

必烈已於前一年繼大汗位，並於兩年後奠都北京。一二七一年建國號爲大元。五年後入臨安

並滅南宋。總計元代初期，先後四次將回軍回民移殖雲南。第一次於一二五三年平滇後，將

回軍分賜諸王百官。第二次在一二六三年征服安南之後。第三次在一二七〇年以後，建雲南

爲行中書省，以回族賽典赤(Saiyiddi Adjall Omar)爲穆罕默德後裔，其子 Nasiral-Diro 尤著（

見 Issac Masson 著回教入中國考），平章政事（總督一二七三～七九）再領回軍十萬人征伐緬越。最後一次則為一二八五年，移回民一千戶入滇墾荒，開墾新地六萬七千雙（每雙五畝，雙為南詔時代所創。），鄭和曾祖拜顏，當在此次來滇，距鄭和出生僅八十六年，和為第四代。根據鄭和第一次奉詔出海前，曾在昆陽為其亡父立碑，由禮部尚書李至剛撰墓志銘（註三）。知和之曾祖名拜顏，妣馬氏，或均為第一代移滇之回族（回族婦女極少出門，但該次移民以戶計，應有眷）。祖及父均名哈赤，祖母及母均出溫氏，想均為漢人或漢化回裔。和父於元順帝至正四年（一三四四年）出生於昆陽。因此可知和為回族入滇之第三代後裔，至少應有四分之一回族血統也。

雲南行省創設者
賽典赤贍思丁墓

鄭和之有回族血統，更可由其體形及面貌予以證明。明史具有紀
錄。袁忠徹古今識鑒卷八有論鄭和之相貌者，謂其身長九尺，腰大十圍，法
反此者極貴，眉目分明，耳白過面，齒如編貝，行如虎步，聲音宏亮，當永樂帝以和參加靖
難有功，授以內官太監之職後，計劃派其領兵出海通西南夷，曾命忠徹研究其相貌，忠徹說
：「三保姿貌才智，內侍無與比者，臣察其氣色，誠可任。」（註四）永樂乃決定選派和統
督以往。但永樂何以獨提出鄭和問袁，必皆有出海經驗，派和出使，及知兵習戰，博辯機敏外，作者以為
鄭和之祖若父既均為哈赤，除有功及相貌，應為適當人選。鄭和體形，得自其
父遺傳，墓志銘描述和父說：「公生而魁岸奇偉，風裁凜凜可畏。」鄭和便是承襲了他。
鄭和原姓馬，其實阿拉伯人原本無姓而僅有名，例如某人名阿赫美，父名阿里，祖名木
克塔，於是人呼阿赫美。如果名阿赫美者同時有很多個，為分別計，便叫他阿赫美·本·阿
里。如果再有相同者，便再加上本·木克塔。到了中國，回人很多姓馬，也許因為馬字之音
與穆罕默德之穆字相近之故。和小名三保，見查繼佐罪惟錄。袁忠徹對永樂帝之詢問時，亦
稱之為三保。出生於一三七一年（明洪武四年），已在元代末期。朱元璋於一三五七年稱王
，僅十一年即建元洪武，於一三八一年攻下雲南。和出生時其父年二十七歲。明軍入滇時，
和父去世，得年不足三十八歲，和為明將傅友德所俘。方豪文謂當時各將領常有將幼童閹割
以充侍從者，想和係於該時被閹。洪武二十三年（一三九○年）將傅軍劃屬燕王，鄭和乃隨

第二節 鄭和的身世

傅軍同移北平，自此改事燕王於藩邸，年方十九，已長大成人，魁武英俊。燕王對於番人胡人滇人用了不少，因隨軍靖難有功，均賜姓名。入國後皆授太監。永樂卽帝位後，派和先任司禮太監，極為寵信。

「並御書鄭字賜和。鄭和家譜云：「始事於永樂二年（一四〇四）正月初一日選為內宮太監。」並御書鄭字賜和。鄭和出生日期，各書均有記載。經託在新加坡之友人孫兆興、李舒華夫婦於民國七十年十二月親往泗水，由三寶廟紀念碑上抄錄三保大人誕辰為六月三十日（一三七一年），此為一新發現，但華僑相傳，則謂該日為鄭和在泗水登岸之日。另一證明，鄭和每次出海，均在冬季，利用北風。六、七月則為南風，為歸航時期，故無在六月三十日到彼登岸之理。（僅第七次鄭和奉派至泗水是日，均赴大覺寺進香，應為誤傳。另一證明，鄭和每次出海，均在冬季，利用北風。六、七月則為南風，為歸航時期，故無在六月三十日到彼登岸之理。（僅第七次鄭和奉派至泗水冊封施濟孫繼任宣慰使時可能為六月三十日，故當地僑胞誤將生日與登岸日相混，根據碑文，仍應為鄭和生日也。）

鄭和雖為回族之後，因在中國數代，已不再信奉回教而改信佛教。曾在永樂元年出貲刊印佛經一種，自稱菩薩戒弟子鄭和法名福善（註五），不但證明和之改信佛教，並在永樂二年御書鄭字賜和以前，便已獲賜姓名。雖然印尼人還稱他為穆罕默德鄭和，但他絕非回教徒，以故他在各地，多在佛寺奉獻立碑，以求神佑。僅有一次於永樂十五年五月十六日在泉州仁風門外回教先賢墓行香。而西安清淨寺萬曆年間重修碑記，載有鄭和當年曾往尋求同去阿拉伯之回教掌教哈三，足證他非回教徒，否則那次既然遠航麥加，鄭和絕無放棄不去，繼其

一〇

西　　元	年　　代	大　　　事　　　記
1206		蒙古鐵木眞稱成吉思汗
1227		成吉思汗滅夏
1230		窩闊台繼任大汗（成吉思汗第三子）
1234		滅金
1240		征服花剌子謨及報達
1250		蒙哥繼任大汗
1253		速不台率回軍十餘萬征服南詔，次年平雲南
1263		以雲南爲基地征安南
1264		忽必烈入都北京，設雲南爲行省；以賽典赤平章政事，以回軍十萬征緬越
1271		忽必烈建元朝於中國
1276		南宋恭帝降元，南宋亡
1285	至元22年	以回民一千戶移滇開墾 6700 雙（每雙五畝），疑鄭和曾祖此次移滇，距和出生86年
1292		忽必烈攻爪哇，降之
1344	至正4年	鄭和之父馬哈赤出生
1357		朱元璋稱吳王
1368		明洪武元年
1371		洪武四年鄭和出生於昆陽（其父時年 27 ）
1381		明軍攻克雲南，和父亡，和十歲被傅友德軍所俘

父祖而捨哈赤不爲的。

附鄭和身世考據表：

註三　袁嘉穀（樹圃）滇譯：明永樂三年端陽日禮部尚書李至剛撰鄭和父故馬公墓志銘，其文曰：「公字哈赤，姓馬氏，世為雲南昆陽州人。祖拜顏，姚馬氏，父哈赤，母溫氏。公生而魁岸奇偉，風裁凜凜可畏，不肯枉己附人。人有過，輒面斥不隱。性尤好善，遇貧困及鰥寡無依者恆獲賜給，未嘗有倦容，以故鄉黨靡不稱公為長者。娶溫氏，有婦德。子男二人，長文銘次和。女四人。和自幼有材志，事今天子，賜姓鄭，為內官太監。公勤明敏謙恭謹密，不避勞動，縉紳咸稱譽焉。嗚呼，觀其子而公之積累於平日與義方之訓可見矣。公生於甲申年（一三四四）十二月初九，卒於洪武壬戌七月初三（一三八二），享年三十九歲。長子文銘，奉柩安厝於寶山鄉和代村之原，禮也。銘曰：身處乎邊陲，而服禮義之習，安分乎庶民，而存惠澤之施，宜其餘慶深長，而子光顯於當時也。時永樂三年端陽日，資善大夫禮部尚書兼左春坊大學士李至剛撰。」（李至剛名剛，以字行，華亭人，明史有傳）碑高約六尺，寬二尺六七寸，質為紅沙石，首鑴篆文故馬公墓志銘六字。夏光南著元代雲南史地叢考二〇二頁有照片，碑在昆陽城西一里，民國乙亥，路南楊醒蒼來守是邦，捐貲創建碑亭。

昆陽存有和父墓志碑一方，偕友周生甫訪之，於昆陽城西一里，果得其碑。因攝影一幀，碑高約六尺，寬二尺六七寸，質為紅沙石，首鐫篆文：『故馬公墓志銘』六字。文十三行，計二百八十二字。其前有石龜一坵，已傾落，似卽當日之墳墓。碑後丈餘有一小坵，長約三尺，與墓志碑同西向立。更前有不知名之古塚多數，亦回徒舊物。

註四　明史卷二九九，列傳一八七，袁忠徹為相者袁琪子，傳父術，父謁燕王，王宴北平諸文武，使徹相之。謂都督宋忠面方耳大，身短氣浮。布政使張昺面方五小，行步如蛇，都指揮謝貫，臃腫蚤肥而氣短，都督耿瓛，顴骨插鬢，色如飛火，斂都御史景清，身短聲雄，於法皆當刑死。王大喜，起兵意益決。及為帝，即召授鴻臚寺序班，賜賚甚厚，遷尚寶寺丞，已改中分舍人，尾駕北巡，駕旋，仁宗監國，為讒言所中，帝怒榜午門，凡東宮所處分事悉不行，太子憂懼成疾，帝命寒義金忠偕忠徹視之，還奏東宮面色青藍，驚憂象也，收午門榜可愈，從之，太子疾果已。

明史列傳云：「忠徹字靜思，幼

第二節　鄭和的身世

內侍鄭和即三保也，雲南人，身長九尺，腰大十圍，四岳峻而鼻小，法反此者極貴。

眉目分明，耳白過面，齒如編貝，行如虎步，聲音宏亮，後以靖難有功，授內官太監

，永樂欲通東南夷，上問以三保領兵如何，忠徹對曰，三保姿貌才智，內侍中無與比

者，臣觀其氣色，誠可任，遂令統督以往，所至畏服焉。

註五 明史卷一四五列傳二三

永樂元年姚廣孝題佛說摩利天經後記云

今菩薩戒弟子鄭和，法名福善，施財命工刊印流通，其所得勝報，非言可盡矣。……

永樂元年，歲在癸未，秋八月二十又三日僧錄司右善司沙門道衍。

鄭和畫像 明初羅懋登之西洋通俗演義有鄭和畫像一幅，海外三寶祠廟當有畫塑像但經託友

人孫兆與夫婦親往泗水三寶廟，鄭和塑像早經熏黑無法攝影。但梅可望則謂寬面無鬚

表情嚴肅，又謂泗水三寶廟中對聯最早者為乾隆年代。

註六 吳俊才著東南亞史九十八頁：當時僑領為南海梁道明，閩僑施進卿副之，另有海盜陳

祖義逃來，且與施爭地盤，鄭和派人招撫，陳等詐降，潛謀刼掠，經施密告，和發兵

大敗之，殺賊黨五十（誤千）餘人，生擒祖義，押解回京服誅，同時奏請派施為舊港

宣慰使。

註七 明史外國傳錫蘭篇：錫蘭與柯枝對峙。永樂初國王亞苦奈兒數邀刼往來，番人苦之

，七年和奉敕佈施佛寺，建石碑，賞賜國王頭目等。其王員固，謀伏兵絕歸路。和先

發，銜枚疾擊擒其王，獻俘闕下，釋之。十年冊封耶巴乃那為王，今金陵靜海寺有和

携歸之佛寶。

註八

鄭和到南洋，較葡萄牙人早九十餘年，葡人伽馬，於一四九八年始佔Ormuz，並到古里

及柯枝。一五○二年再到柯枝，希望取代在古里之阿拉伯人

地位，因而獲得柯枝同意，在柯枝設塞。一五○五年，葡萄牙設印度總督於柯枝，率

兵三千人。再戰古里，毀其兵船八十四艘，小船一百二十艘，並殺回敎徒三千人，然

後佔領錫蘭，錫蘭早於一四五九年停止向明帝入貢。一五一○年，葡萄牙印度總督府

，移設臥亞(Goa)。一五五七年，明允將澳門租予葡萄牙，後又承認其獨立。

註九

張奕善著東南亞史研究四六一頁

施進卿有二女一子，子最幼，以故施乃於鄭和首次到舊港之次年派其火婿邱彥誠回國

晉謁永樂，所以未派長婿者，因其為馬來人，而子則尚幼

長女施大娘仔，名俾那智（Pinate or Pinatih，為馬來文），爪哇書中有其故事，與滿者伯夷

(Majapahit)原來統治之王朝為室利佛齊或三佛齊(Srivijaja)，勢力主體在蘇門答臘，爪

哇島在東，滿者伯夷在爪哇漸興，以至攻滅三佛齊，但尚無力統治蘇島，舊港（巴林邦，

Palembang)在蘇島東部，華僑甚多，因無當地政府統治，以故有力之華僑互相爭雄。

施大娘與滿者伯夷之監國或執政 Regeant Kjai Sambadja 結婚，夫死後移居錦石，華僑稱之為新港而與巴林邦之舊港有別，並被任為錦石（Gresik）之市舶官（約同港務官，專管船隻及征收港費）。大娘有義子，在彼提倡回教並建造清真寺，世稱麥加第二云。

施二姐之夫為邱彥誠，疑二姐必大於其弟濟孫甚多，永樂十九年施進卿死，大權為二姐所控，濟孫不甘，彥誠同情濟孫，故濟孫乃向明庭請襲父職，而永樂帝再派鄭和前往頒封為宣慰使，但大權似仍在二姐之手，惟自稱為頭目娘。馬歡於第八次隨和出航，曾親聞施二姐故事，並有記錄，說一切任命獎懲濟貧工作均由彼作主。又舊港旣在華僑之手，一面臣服中國，一面聯繫琉球，具有琉球官方記錄，記錄中，尚載有施大娘之公文，自稱寶林邦愚婦俾那智施大娘仔。

第三節　鄭和的八次航海

鄭和的航海次數，國人或根據明史鄭和傳或鄭和在世時在蘇州瀏河天妃宮所立的通番事蹟碑及福州長樂南山三峰寺旁天妃宮所立之神靈應碑（民二十知事吳鼎芬於舊堵中刨出，移置於長樂縣公署）為依據，也有兼採與鄭和歷次出海隨行人員馬歡（回教徒第三、五、七次參加）所著之瀛涯勝覽，費信（崑山人參加第二、三、四、七次）所著之星槎勝覽，及鞏珍（應天人參加第七次）之西洋番國志等書，加以補充訂正的。但無論明史或碑記，雖皆為七次而又有不同。明史缺少碑記之第二次，碑記則缺明史之第六次。其他各次兩者相同。究竟應以何者為準，意見不一。照說應以明史為準，但明史鄭和傳雖為官方正式記錄，卻係史官於鄭和死後所寫，而碑記則為鄭和親身所立的（一在宣德六年初，一在年尾）（西元一四三一）兩處碑記非出一人手筆而事蹟相同，似碑記因出鄭和第一手資料應更為正確無誤。作者分析比較，認為應該將兩種資料相併而訂正為八次，說明如次：

明史之未列碑記之第二次，疑係誤將該次作為第一次之延續，因鄭和係於永樂三年第一次出航，五年九月二日擒獲舊港陳祖義歸獻。或由和親自押解先回，大綜則仍泊舊港，以故明帝乃於九月十三日下詔令和再發。鄭和則認為係第二次奉詔，乃立即先到大綜泊地舊港或

爪哇，會合之後續航古里柯枝。回程始過暹邏，各國以珍寶珍禽異獸貢獻。明史則僅有獻俘陳祖義記錄而無後半到各國之記錄。或因後半無重大事蹟可記之故。但鄭和碑記之第二次，確係奉有明帝第二次之詔，明史成祖本紀謂：「五年九月癸亥十三鄭和復使西洋。」顯然由於史官之誤，將第二次之復使認爲係第一次之延續。方豪推測第二次出發，當在冬末或次春，與作者前述於奉詔之後，立即再發之說相左，亦係根據其推測該次返還在七年夏之判斷而定，並無確證。

明史之第六次，爲碑記所未列，但事實上則又確有其事。永樂二十二年正月十六日永樂應蘇門答臘舊港施進卿之子濟孫請襲宣慰使之職（永樂五年鄭和首次往舊港時，當地有施進卿向其告密，謂陳祖義將偷襲，和始計擒陳祖義歸獻，同年施進卿派其婿入貢，帝封其爲舊港宣慰使，並賜印誥冠戴等，當年八月卽還，而永樂巳逝。此次航行往返不過半年，至今巳十七年）（註六）命和齎印往封，而通番之故。因其時三佛齊巳亡於新興之爪哇滿者伯夷，碑記之所以未列者，或因舊港宣慰使爲朝廷命官，無關人所據，形同自治（見施進卿條）故和亦不視爲番國，通番碑亦未記錄。無論如何，應爲鄭和出海航行之一部份，故作者主張列爲鄭和航海之第七次，而將原來之第七次，改爲第八次。

作者另一理由，則爲明帝確曾下過八次詔令。八次詔令之頒發日期，方豪之中西交通史

第三册一九〇頁考據甚詳。唯一不曾註明根據者爲碑記之第二次。但明史成祖本紀有之，碑記亦有之。既有八次之詔令，即應有八次之出海。

另一模糊不清者，爲第二次返還之時間及第三次出航之時間，方豪推測之時間，既如前說，似尚有待分析證明之必要。最大關係，厥爲錫蘭佛牙寺之立碑，究在第二次末或第三次初。考作者在錫蘭可倫坡博物館親睹之鄭和之碑，載明立於永樂七年二月朔日。方氏據此及南山寺碑第二次返航日期爲永樂七年，因而推測鄭和二次廻航日期應在錫蘭立碑之後數月（永樂七年夏），則錫蘭立碑應在第二次航海之尾期。而作者之意，則應在第三次航海之初期，理由爲明帝第三次命和航海之詔令，係在永樂六年九月二十八日，必在和完成第二次航行還京之後。不能早在鄭和次年七月返國以前頒發。但何以碑記則又刻記廻還在永樂七年（無月份）？唯一可能，仍爲與第一次一樣，鄭和先回，大綜遲到，否則萬無鄭和尚未返京，永樂又已下詔之舉。此一點明史外國傳錫蘭篇（註七）可以證明。方豪書中又考據曾參加第三次出航費信所著星槎勝覽所記，第三次詔令係永樂七年秋所頒，方氏以爲錯誤，誤將出發時期與六年下詔之日相混。作者則寧願費氏所記爲正確，而實錄之六年有誤，因如此則方氏考據鄭和第二次出海之廻航，即可證實方氏之推測鄭和第二次廻還爲七年夏正確，並與鄭和在錫蘭立碑爲第二次還期相符。方氏之推測另一不可解之處，爲永樂帝第三次下詔之日爲六年九月二十八日，而鄭和出發日期，竟延至七年九月，兩者相距，竟達一年，除第四次因準備遠

第三節 鄭和的八次航海

一九

航忽魯謨斯，下詔後一年方始出發與其他各次比較，均無類此者。此則方氏為了配合其推測鄭和第二次返還在七年夏之故，似嫌牽強。此一點與下一節錫蘭佛牙寺立碑之航行次數有關，更與大英百科全書及錫蘭門地師(Dr. G. Mendis)乃至錫蘭博物館對鄭和立碑之說明有關，以故不能不特別提出，作者試作鄭和八次出航時間比較表如下：

註十　據聯合報七十三年九月一日「我的祖父小德張」（張敬齋）一文說：清季太監李蓮英之墓建在鄭和墓後，李或以鄭和第二自居。又說清代太監每年均祭拜鄭和，視同祖師，亦猶木匠之拜魯班。李蓮英墓在北平南苑，則鄭墓當亦在彼，但南京現亦有鄭和墓，不知係舊有或新建，更不知何處為真，何處又為衣冠塚。鄭和曾在南京統領五衛，但最後一次返國後，首都則在北平，鄭和返朝覆命，亦可能死於北平。

鄭和八次出航時間比較表

明曆		西元	各次去還年月			記錄及考據				重要事項
			下詔	次數	回還	明史	碑記	方豪	作者	
永樂	1	1403								
	2	04								元旦御書鄭字賜和，和33歲
	3	05	6.13							
	4	06		1		1	1	1	1	擒舊港陳祖義歸獻。
	5	07	9.13		9.2					派施進卿爲舊港宣慰使並賜印。
	6	08		2	9.18		2	2	2	
	7	09	6.9.18							二月朔日立錫蘭石碑。
	8	1410	6.9.18	3		2			3	擒錫蘭儉襲之土王。
	9	11			6.16		3	3		侯顯出使旁相勃。
	10	12	11.15							始稱總兵到錫蘭立新王。
	11	13								
	12	14		4		3	4	4	4	擒蘇門答臘王。
	13	15			7.8					
	14	16								
	15	17	12.10							送Hormus等十六國使臣返國。
	16	18		5		4	5	5	5	
	17	19			7.17					
	18	1420								
	19	21	1.30							
	20	22		6	8.18	5	6	6	6	
	21	23								
	22	24	1.16	7		6			7	舊港頒發宣慰使印。
	23	25								
宣德	1	26								
	2	27								
	3	28								
	4	29								
	5	1430	6.9							
	6	31								
	7	32		8		7	7	7	8	
	8	33			7.16					
	9	34								
	10	1435								鄭和卒，年65歲。（註十）

第四節　歷次航程與事蹟

永樂元年，下詔取銷先帝封鎖通商禁令後，稅收及民間獲利甚豐乃決意擴大。費時兩年以造船，於是航海事業大盛。政府派遣鄭和等出海通航，實有倡導之意。

為簡明計，作者即依據上節所說，將鄭和之航海分為八次，其中第一次與明史及碑記同，第二次為明史所缺，第三至第六次與碑記同，第七次為碑記所缺而與明史第六次同，第八次則與明史及碑記之第七次同，以後不再逐一註明，讀者當易於查對。

第一次　永樂三年（西元一四〇五年，以下不再註明，另有對照表可查。）六月十五日下詔，因候造船及北風，年底方始出發，而於五年九月二日返還，經由占城先到爪哇及蘇門答臘舊港（現名巨港〔Palembang〕）有施進卿向其告密，謂盜首陳祖義將行偷襲，和加戒備，擊殺偷襲者五十餘人，並擒獲陳祖義，歸獻於朝誅之。同年施進卿派婿入貢，帝乃派施為宣慰使並賜印誥，（是否隨和同來並同往，待查，但極有可能。）舊港設宣慰使自此始。疑和當時將大綜留駐於此，尚未及西航古里。以故明帝即在和返京後十一日，復下令西航，而明史對於第一次之航行，僅至擒陳祖義歸獻為止，而無續航古里之記錄。此次出航首尾二年又三個月，但實際航海時間則

為二十個月。

第二次

永樂五年九月十八日下詔，令和復使西洋。此次出發甚速，因不但船隻猶新，大綜且留舊港未返。以故可能十月底出發，先與大綜會合（並頒發宣慰使印誥），然後繼續西航，直達古里（Calicut），回程再到柯枝（Cochin）、暹邏。去來均可能路過錫蘭，但在錫蘭島北端 Kotte 佛牙寺立碑，必在此次而為明史所缺。此次除番王有珍寶禽獸貢獻外，別無大事，明史之遺漏不記，亦因此故。還期碑記為永樂七年，疑指大綜，和則必早於六年九月十八日第三次下詔前還都也。以故此途中去來時間，僅十至十一個月。

第三次

永樂六年九月十八日下詔，或延至次年初大綜返還後始出發。所到各地，實錄沒有柯枝、阿撥把丹、小柯蘭（Quilon）、南巫里（Lambri 蘇門答臘島北端）、甘巴里（Koyampali，小葛蘭下方），可能此次曾派分綜對印度半島西南岸及蘇門答臘島詳細巡視而以錫蘭島為依據點。此行最重要之事蹟，為擒獲偷襲之錫蘭土王亞烈苦奈兒（Alagakkonara）及在北岸 Kotte 地方佛牙聖廟之立碑。關於前者，大英百科全書謂和於永樂六年第二次到錫蘭時擒獲土王，此係根據明史第二次，年代亦係下詔之時。歸獻則在九年六月十六日，故疑和之立碑在前，擒獲土王則在歸程之永樂八、九年。

第四次

至 Dr. G. C. Mendis 在一九五五年所著錫蘭今昔，謂和係於永樂三年第一次到錫蘭時

與土王作戰，則年份及次數均誤。此次航行，去還共計三十個月。

永樂十年十一月十五日下詔。此次奉使之目的，顯然爲阿拉伯海之忽魯謨斯，亦卽

回教國家與我通商之基地。時隔第一次出航已有七年，不特船隻待修，更須準備去

過阿拉伯之人，因此鄭和特去西安回教清淨寺，尋得掌教哈三（回名必爲回人）同

往，而於次年冬季北風起時方始出發，鄭和此次始正式稱總兵太監。於一四一五年

完成忽魯謨斯（Ormuz，波斯灣口一小島）之通航後（註八），十三年七月初八日

始返抵京門復命。此行經過錫蘭時，徵詢土人意見，選立 Parakkama BahuRaja 爲錫

蘭新王。蘇門答臘爭奪王位自立爲王者，經舊王赴闕陳訴請援，由和率軍剿捕，並

擒獲僞王蘇幹剌（Sekander），亦在十三年歸獻。此外則根據成祖實錄，所到之處有滿

剌加、爪哇、占城、蘇門答臘、阿魯、柯枝、古里、溜勃里、彭亨、吉蘭丹（Kelam-

tan）、加異勒（Cail）、比剌（或卽以後另寫作卜剌瓦〔哇〕）、非洲索馬利亞之

Brawa、孫剌（或卽後作撒剌之阿拉伯半島亞丁之東）等處。碑記則僅簡載忽魯謨

斯而已。極可能此次亦有分綜，如第八次祝允明前聞記所載，分以錫蘭或古里爲基

地，分隊出航。故實錄卷一六八、一六九、一七〇、一八二記永樂十三、十四年有

東非麻林、木骨都束、卜拉哇等國入貢之記錄。此次航行，在海上共計三十個月。

第五次

明史本記謂和係於永樂十四年十二月初十奉詔，泉州仁風門外回教先賢墓碑則載明爲十五年五月十六日欽差總兵太監鄭和於此行香。該年有滿剌加、古里等十九國遣使入貢，年終乃命和送各國使臣返國，並賜其君長。碑記有各國貢品，如忽魯謨斯之獅豹馬，阿丹之麒麟、長角馬，木骨都束之花鹿與獅，卜拉哇之駱駝、駝雞等。而所到之國，則有古里、爪哇、滿剌加、占城、錫蘭山、木骨都束、溜山、淝勃里、卜剌哇、阿丹、蘇門答臘、麻林、剌撒、忽魯謨斯、柯枝、沙里灣泥、彭亨、舊港。並賜柯枝王印誥並封其國中之山爲鎮國山。成祖賜有親製碑文（碑文見明史柯枝傳）應有遺蹟可尋。至十七年七月方還（見陳鶴明記卷十）。碑記未記歸年。明帝實錄載永樂十三、四年（一四一五―一六）麻林、木骨都束、卜拉哇均入貢。此次航行，去回共計二十六個月。

第六次

永樂十九年正月三十日下詔（明史），約在秋月出航，次年八月十八日還都，有蘇祿國使臣隨來。航線無記錄，但方豪及徐玉虎均謂曾到阿拉伯半島沿海之祖法兒（Djofar）、阿丹（Aden）及東非。徐玉虎更謂尚另闢新航線淄山及渤尼，必係如第八次，由古里、葛蘭、可倫坡設分綜，並由占城設分綜直航婆羅洲（渤尼）之文萊，繞往菲律賓群島西南之蘇祿海，折返占城者。以故乃有蘇祿使者同來。此次去回在海上共二十個月。

第四節 歷次航程與事蹟

第七次

（即碑記所缺，明史之第六次）。永樂廿二年正月十六日下詔，崇爲齎送宣慰使印誥予蘇門答臘舊港之施濟孫，以襲其父施進卿之職。（某報曾有專文敍施二姐故事，惜未予剪留，希讀者予以考據補充。）（註九）而於當年八月前即回，而成祖已逝。此處所應說明者，即在短短六個月內，是否可以往返，則祝允明前聞記所載第八次航行記錄，即可證明了。其記錄如下：

劉家港往長樂約十日

五虎門往占城十六日

占城到爪哇蘇拉巴雅（三寶壠）二十五日

蘇拉巴雅往舊港十一日

占城回太倉二十一日

如此則太倉占城間往返二次，需時四十餘日，占城舊港間往返至多四十日，各地停留數日，則在六個月內，完成任務，自可辦到。此次航行，往返共費六個月。

第八次

鄭和於上次返國之後，新帝改任和以下番軍爲南京守備，不到五年，於宣宗宣德五年（一四三〇）六月九日，因各番國貢使久缺，再命鄭和出洋，亦即鄭和最後一次之遠征。祝允明前聞記，記錄此次航線及分綜乃至往返航行時間，有較詳數字，極有價值。因不但可以反證歷次出航，可能設分綜出發之基地，由而推測到鄭和與各

地之關係，停留之久暫，與夫是否親到。更求鄭和所探之航線以及各地之遠近。除命令前往各國，必須達成外，可能由新航線而發現新地。例如此次命令所赴各國為忽魯謨斯、錫蘭、古里、滿剌加、柯枝、卜拉哇、木骨都束、淵勃里、蘇門答臘、剌撒、淄山、阿魯、甘巴里、阿丹、佐法兒、竹步、加異勒等二十國及舊港宣慰使周森鈺之鄭和航路考則謂鄭和此次之分綜，可能曾到紅海上之麥加。據前聞記，

此次由五處派分綜往下列各處：

（一）由占城設二分綜，分駛婆羅洲及暹邏。

（二）由蘇門答臘派分綜北駛孟加拉。

（三）由錫蘭設二分綜，西南駛淄山及北駛小葛蘭。

（四）由小葛蘭設二分綜，一駛柯枝一駛東非木骨都束（是否曾到馬拉加西，亟待考證，作者認為一定到過，否則迄今該島不致每年有紀念節及遊神賽會。）

（五）由古里設二分綜，一駛忽魯謨斯，一駛佐法兒、剌撒、阿丹。以古里為大本營，大綜由此於八年三月二十日回航，由古里去忽魯謨斯行卅五日，在彼停留不滿兩月即回古里，回程行二十三日。惜去東非分綜無記錄可查。

此次往返，在海上共計三十一個月，而於宣德八年七月初六返國。返國後第三年鄭和即逝。總計自三十五歲開始出航至六十三歲結束，先後出海八次，歷時二十八年

，一生事業，盡在於此。八次出航，在海上共計一百七十三、四個月，折合十四年

又半，若與哥倫布相較，哥倫布不但出生較鄭和晚七十五年，鄭和之初航，更早於

哥倫布八十七年，鄭和航海生涯先後二十八年，哥倫布則僅四次，和之海上生活計

一百七十三、四個月，哥倫布僅九十個月。

綜記鄭和出航，除第一及第七次外，六過錫蘭、古里、柯枝，四到忽魯謨斯，兩到阿拉

伯半島南岸各地及東非沿海，惟後二區或係分艅所到，和並未親往。滿剌加及蘇門答臘，爲

東西通航必經之路，和在兩處各設有官廠一處，必有遺蹟可尋，所設官廠，當不外修船廠及

補給站。至於占城、舊港、蘇門答臘、滿剌加、三寶壠，更爲和每次出航必經之地。而每次

分艅出發處所，必爲大艅駐紮基地，鄭和停留亦比較久，當爲吾人今後研究時所應着手之處

也。

附鄭和八次出航路線圖：

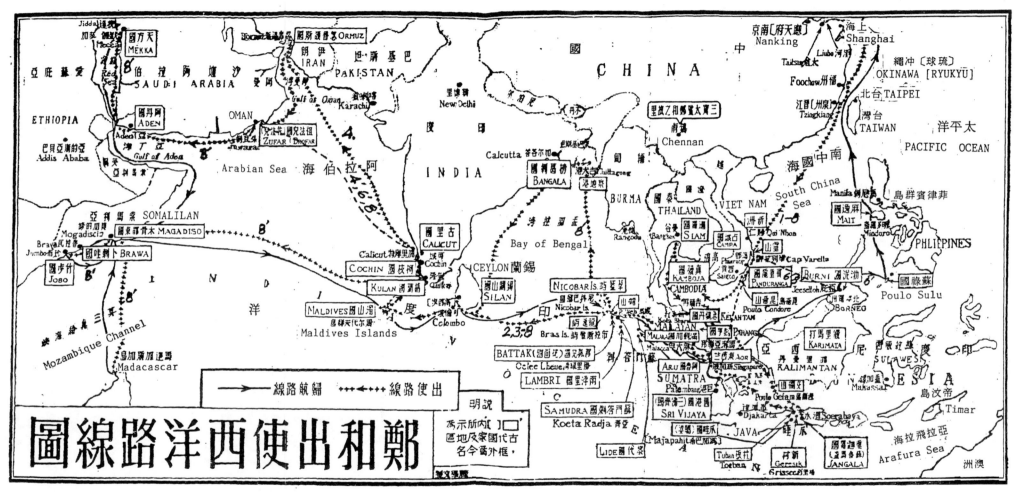

1-8 Hauptflotte 1'-8' Teilflotte   DIE ACHT FAHRTEN CHENG-HO'S

第五節　造船及航海技術

甲、造船事業

中國幅員廣大，民族統一，四週與世隔絕，向以世界之中自居，稱爲中國，以故自古以來，不重海洋，更無海船，西元第二世紀三國時代，多藉河道爲界，始有船隻，但均爲平底江船。唐代（西元八至十世紀）阿拉伯人航海東來，與我華南通商，乃興造船事業，迄至唐末，已凌駕阿拉伯船。已知利用竹釘及桐油石灰嵌縫，並有隔艙。唐代黃巢之亂，中原人士，有不少渡海求生者，尤以前往蘇門答臘之舊港 (Palembang) 者爲多（原屬三佛齊〔Srivijaja〕，其後東方爪哇強盛，三佛齊滅亡，但新起之爪哇新國滿者伯夷 (Majapahit) 亦無力統治，華人乃予占領，群雄爭奪，施進卿、陳祖義其尤著者也。）。此點在九四三年阿拉伯人 (Masudi) 麻叔地航海蘇門答臘遊記亦有證明，謂當地有甚多華人從事耕種。祝秀俠考據謂唐代高僧義淨，先後在室利佛齊（即三佛齊）居住達十餘年。宋代北受遼金夏之壓迫，向南發展，後更建都臨安（今杭州），更加強對海外之貿易與交通，造船事業乃更進步。吳自牧書中謂當時最大海船達三百公噸以上（載重用米袋計算，若干袋每一千斤稱爲一料，約合六百公斤

，最大之船可載米五千料即三百公噸），載人至少可達五六百人，阿拉伯人伊本・巴都達（

全名 Abu Abdullah Mohammed Ibn Batuta，一三〇四年二月二十四日生於北非摩洛哥之丹吉爾

）曾於東航東南亞後還報蘇丹，蘇丹令其口述，由一曾在西班牙格拉那達受敎育之育才(Moh

Ibn Yuzai)加以記錄，原文現存巴黎國立圖書館。亦謂中國最大之船，有三桅，可載一千人

，因船大，故在馬來亞港口須納稅一千地納(Dinar)，爲其他各國船隻之一百倍或一千倍。元

代忽必烈曾先後派船載兵對日本及爪哇作戰（一二七四及一二八一兩次），前者有九百船及

四萬兵力，但因在九州遭颱風襲擊，幾至全軍覆沒，無功而退。後者則有五百船及三千兵力

，於一二八二年攻爪哇，克之，回航時留駐士兵甚多於舊港，以故該地華人甚多。

近來英人李約瑟(Joseph Needham)及美國生活雜誌所出專書「中國」均承認在十三世紀年

代中國之造船事業，突飛猛進，更創新海圖繪製，奠定下世紀初鄭和遠航之基礎。

鄭和時代所用船隻，根據鄭和後期小說作家羅懋登之說明：

名稱	長度　寬度	桅數
寶船	444' × 180'9"	9
馬船	370' × 150'	8
糧船	280' × 120'	7
坐船	240' × 94'	6

船長與船寬之比，大致均為十與四之比，船之深度，約為船長十分之一。

鄭和手植下關靜海寺之造船淺碑，載有當時造船型式，有二千料（百二十噸）一千五百料（九百噸）及八櫓船等各型。海船與江船不同之處，除有堅強之龍骨及楔形船底外，首尾均高聳。尾部設樓三層，中部則有四層，最下層實以土石，使重心壓低，船行較穩。吃水約十二尺，而航行則靠風。

永樂登基後，取消明太祖推翻元代建國時禁止海外通航之禁令，於第一年即下令造船，終其一生未嘗更改，根據史書記錄，歷年所造船隻如下：

永樂年代	西元	造船種類	數量	造船地點及說明
一	一四〇三	海船	二五〇	福建
二	一四〇四	海船	五五	五〇艘在南京，五艘在福建
三	一四〇五	海船	一二八〇	浙江
五	一四〇七	海船	二四九	備遠征
六	一四〇八	海船	三七	浙江—係改造
七	一四〇九	海船	四八	浙江
十七	一四一九	寶船	四一	浙江

以上共計海船五七二艘，其他船隻一一八〇艘。

鄭和歷次出航所用船隻數量，均無記錄可查。但每次出航所帶人數，大致均在二萬七千上下，由六種明代正式記錄其數量如下：

之船隻。僅偶見海船六十二艘之記錄，或其他較小

出航次數	年　代	西　元	人　數	來　源
一	永樂三年	一四〇五	二七八〇〇	明史
二	四年	一四〇六	二七〇〇〇	罪惟錄
三	七年	一四〇九	二七〇〇〇	費信　星槎勝覽
四	十一年	一四一三	二〇〇〇〇	鄭曉（1499～1566）皇明四夷考
五	十五年	一四一七	二七六〇〇	馬歡　瀛涯勝覽
八	宣德五年	一四三〇	二七五〇〇	祝允明　前聞記

可見歷次隨同出航人數如此巨大，除主要大海船之外，定必配有戰船、馬船、糧船、坐船等甚多，惜無記錄可查也。

隨行人員如此眾多，其中包括四窩海防軍（明初設海防二十四窩）每窩五千六百人，此外更有司庫、財務、醫師、造船師、水手、木匠、石工、泥土工、搭架工等數千人。

Die Flotte Cheng Hos 百艘寶船浩蕩下西洋

南宗高宗時中國輪船（一一三〇年）楊么造

Radschiff von 1130(20'×100')

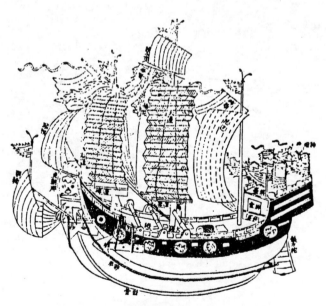

中國海船（一七五七年）（琉球誌）

Seeschiff aus 1757

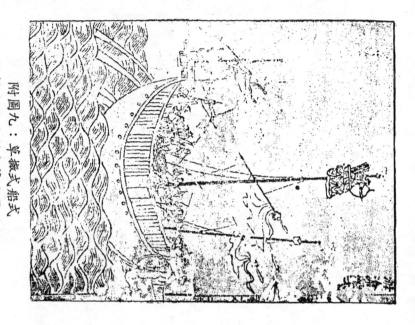

附圖九：草撇式船式
（採自天啓刊本籌海圖編）

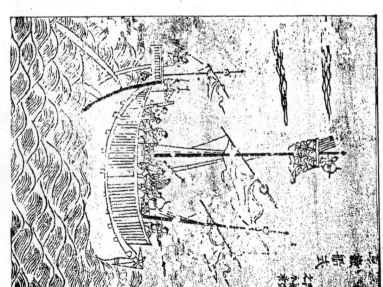

附圖八：海滄船式
（採自天啓刊本籌海圖編）

第五節　造船及航海技術

三五

乙、航海技術

一、風向 海船既大且重，雖為尖底，除離岸靠岸短程或無風時必須利用槳櫓外，出海航行，主要靠風。由過去出海經驗已知利用季節風。宋代朱或之萍洲可談云，船舶以十一、二月就北風南行；五、六月間就南風北航。但須嚴避颱風之襲擊。鄭和第一次出航時曾在南海遇颱風，幾遭不測。故鄭和常在遇險之後，在各地寺廟立碑酬神。

二、航海圖 據李約瑟及生活雜誌敘述，鄭和出航，已備有古所未有之航海圖。該圖係在一四三〇年所製成，長二一·七九呎，高八呎，現藏倫敦大英博物館中。無論對鄭和航海有研究之荷蘭學者 J. J. Duvendak、法人 Paul Pelliot 或日人簾田豐八，均稱之為鄭和航海圖。

其前，周鈺森所著鄭和航海考，均對此有詳盡之研究。該圖係在一四三〇年所製成，長二一·七九呎，高八呎，現藏倫敦大英博物館中。無論對鄭和航海有研究之荷蘭學者 J. J.

該圖繪製，雖仍難脫古老槽臼，循航線一直往前，但兩岸特殊標誌及分段目的，均一一繪出。而將逐段航線，詳細註明角度、水深、距離乃至航行時間，一一註明。待至第一目標後，再向次一目標另作詳細註明。以故去程與回程之圖與註說不同，必須另製。周徐二氏曾逐段研究，據說若照說明另繪於現代地圖之上則極精確，而對我國之能，深為讚歎。對於十四世紀研製該項航海圖深為驚異（見附圖）。

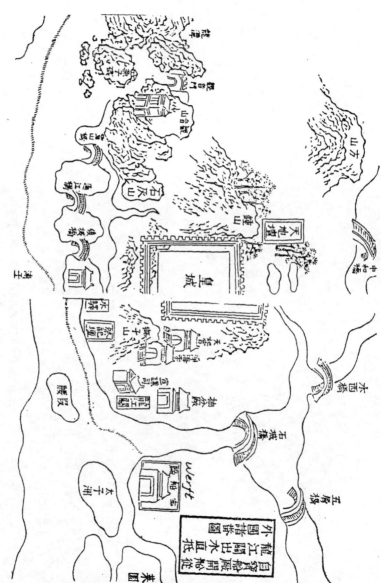

Seefahrkarte Kaiser-Stadt Nanking u. Werft

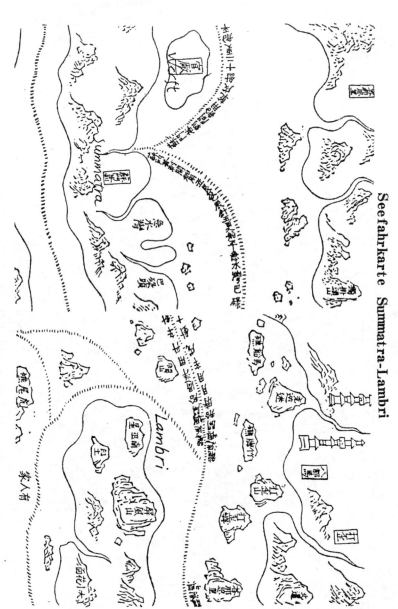

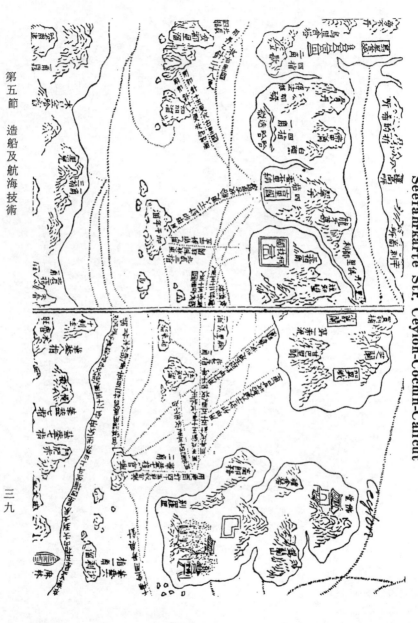

Seefahrtkarte Str. Ceylon-Cochin-Calicut

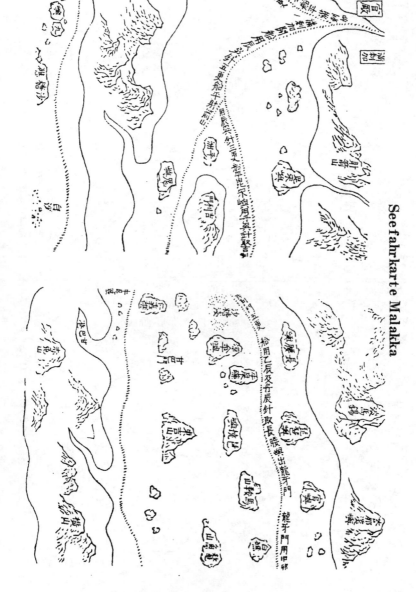

Seefahrkarte Malakka

子	= 0°	卯	= 90°	午	=180°	酉	= 270°
子癸	= 7.5°	乙卯	= 97.5°	丁午	=187.5°	辛酉	= 277.5°
癸	=15°	乙	= 105°	丁	=195°	辛	= 285°
癸丑	= 22.5°	乙辰	= 112.5°	丁未	=202.5°	辛戌	= 292.5°
丑	= 30°	辰	= 120°	未	= 210°	戌	= 300°
丑艮	= 37.5°	辰巽	= 127.5°	坤未	= 217.5°	乾戌	= 307.5°
艮	= 45°	巽	= 135°	坤	= 225°	乾	= 315°
艮寅	= 52.5°	巽巳	= 142.5°	坤申	= 232.5°	乾亥	= 322.5°
寅	= 60°	巳	= 150°	申	= 240°	亥	= 330°
寅甲	= 67.5°	丙巳	= 157.5°	庚申	= 247.5°	壬亥	= 337.5°
甲	=75°	丙	= 165°	庚	= 255°	壬	= 345°
甲卯	= 82.5°	丙午	= 172.5°	庚酉	= 262.5°	壬子	= 352.5°

圖版十八　　Magnetnadel
in l. oder. 2. J. H. (Handynastie)

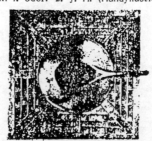

磁性羅盤最早的形式：漢代（紀元前或紀元後第
一世紀）卜筮用之盤，其上有杓（王振譯）。

Seefahrkarte nach Sternen v. Ceylon nach Summatra

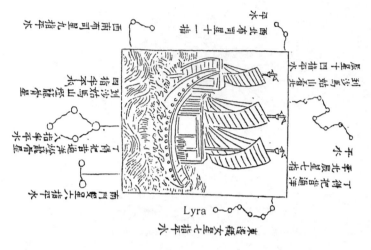

Lyra

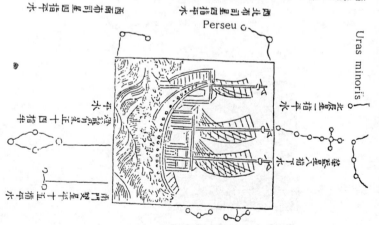

Uras minoris

Perseu

Seefahrkarten nach Sternen

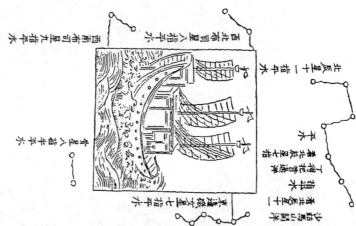

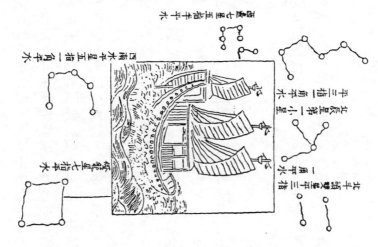

北辰星十一指平水

西北布司星八指平水

北辰星八指平水

西南布司星九指平水

丁得把昔北辰星七指平水洋

灯篜星七指平水

灯星八指平水

角星八指平水

沙姑馬山北辰星十一指洋

入忽魯謨斯看北辰星十一指丁得把昔看北辰星七指沙姑馬開洋看北辰星十一指洋織女星七指西南邊鵞毛星七指平水

西南布司星七指西北布司星七指北辰星五指平水

西北布司星四指平水

西南布司星五指角星八指平水

北斗雙星平三指小星三指用平水

北斗雙星平七指平水

平三指辰星第五星水

北斗雙星平七指平水

燈篜星七指平水

學月往東壁星住斜川北低看東北邊雙星七指西南低看燈篜星七指西北低看北斗雙星七指西南低看燈星三指東北高看辰星平七指西南高看木星四指東北正路看往斗嶼山

三、羅盤與指南針　羅盤當時用十二地支，將圓周等分為十二格。午時正南在下方。每格再分為二，如是每一小格之精度為七‧五度。盤之中央設針，針端置指南針，可以轉動。或不置針尖改為懸針，亦有改浮水面者。宋代朱彧書中，亦有同樣說明。指南針係用薄鐵片剪成魚形，長約二吋，寬僅二分，兩頭尖銳。最初僅知先用火燒紅，其後知用磁石磨擦加強磁性，針尖常指南方。但因地略有不同，而偏向東方。

四、航速與計時　當時尚無鐘錶，計時用沙漏，而磁製酒壺形，中裝細沙，兩壺分置上下，壺底設小孔。上壺之沙，由底洞流注下壺。上壺沙盡而下壺亦滿，於是兩壺再易其位，謂之一更。一日有十更，即每更相當於二‧四小時。每更時間，航行可達四十至六十里（約二十至三十公里）為計算行速，常將木片於船頭擲向水面，以察流速，同時派人急步走向船尾，與水上飄木作比較。如此可以測知船行速度。

五、水深測量　用堅細之紗作繩，長約一百二十五尺，簡稱為十丈繩，每以相當於五尺之兩臂伸直之距離為「托」，以測水深。每「托」間繫以各色之布條，以便觀察。繩端繫以重錘，隨時投入海中，以測「托」數。錘上塗以牛脂，以便沾取海底泥土或沙。若為岩石，則不可下碇。

六、星象　隨行有星象官，由圖上所繪，知當時已知十二星象如北斗星(Uras Majoris)、北辰星(Uras Minoris)之在正北，以及南極星(Centari)、織女星(Lyra)、南十字星(Crux)、布司星

（Perseu）等。每段間均將星位繪在航線相當方位，並註明高程若干指針（相當於阿拉伯文

Issabâ 或 Tarde），徐玉虎計算每指約爲1°36'，由星位之高程及航向之角度，即可保持

航向之正確，航海圖上均有繪出及說明（見附圖）。

此外尚待研究者爲鄭和當時所用之武器。此點雖無任何記錄可查，但不難估計除傳說之

刀、槍、矛、盾、弓、箭外，宋代已發明拋石器及擲火器，元代更已有火砲。南洋華僑均稱

雅加達公園內，置有出土之大砲四尊，謂係鄭和當時所遺者，如能詳爲考據證實，當爲極有

興趣之工作。

第六節　鄭和的遺蹟

根據前節所述，國內外與鄭和有關之遺蹟，不難追踪予以搜尋。個人看法，國內有下列各處：

一、蘇州瀏河通番事蹟碑（周鈺森著鄭和航路考有文，下同）

二、長樂南山寺碑

三、昆陽鄭和父墓誌碑（夏光南著元代雲南史地叢考有圖）

四、西安清淨寺萬曆重修碑記

五、泉州仁風門外回教先賢塚鄭和行香碑

六、北平近郊　鄭和墓　根據報載前清末任內宮總管小德張之孫所寫小德張記錄記說李蓮英在鄭和墓附近，因清代歷任內宮太監均奉鄭和爲祖師爺，李蓮英更建墓於鄭墓之旁，應不難查究。

但主要航海遺蹟在國外的更多，搜集或反而較易，列舉如下：

一、爪哇西部雅加達公園內有鄭和所贈（或所遺，應查證）之大砲四尊，羅次卿曾目睹，但未查證。祝秀俠文亦有此說。鍾廣興記歷史博物館文，更謂館前草坪上有大砲二尊，其中則

又有銅製大象，碑上記明爲一八七一年暹羅遜之王拉浪哥恩來遊時所贈。事關鄭和時代所用之武器，極爲重要。

二、雅加達南五十八公里茂物（Bogol），三寶井、三寶廟、三寶山（現爲華僑公墓）均在市內。

三、爪哇東部三寶壠（Surabaya，泗水）有三寶廟、三寶洞、三寶墩、三寶井，相傳鄭和於六月三十日在三寶壠登陸，每年是日，華僑均往三寶廟進香，但廟中立碑則寫明該日爲鄭和生日。

四、蘇門答臘舊港（今巨港〔Palembang〕）登陸處在壟川海濱西蒙安行營（Simongan），有鄭和祠（中國時報六十七年一月三十一日敏學文及圖），三寶廟、三寶洞。並頒有兩次宣慰使印語。

五、蘇門答臘　亞魯及阿珍（Achin），和在此曾設有官廠於蘇門答臘西首一島上。

六、麻六甲　官廠、三寶山、三寶城、三寶井（中馬中星文化有圖），官廠在滿剌加隔海灣西岸怡保（Ipoh），距吉隆坡一七八公里（民族晚報有莫莉珍寫怡保風物）。

東岸之吉蘭丹（Kelantan)與彭亨（Pahang）明史滿剌加傳，永樂元年，派中官尹慶往封滿剌加王並一山名，勒石製碑於山上，碑上有詩，應可查。

七、印尼其他各地（見敏學文）
枸欄山（Kalimantan 西南之 Gelam 島）

加里馬達（Kalimantan）

吉里帝汶（Dili Timor，今帝汶島）

淵勃里（Lambri，今齊亞）

那孤兒（Jagronian）

黎代（Lide，那孤兒西南）

麻逸洞（Bilitan）

龍涎嶼（Pulu Bras）

重迦羅（Garggala）

八、占城（或占婆〔Campa〕）每次必經，且曾分艅去婆羅洲，應有遺蹟可查。

靈山（Cap Varella）

九、眞臘（高棉）

十、曼谷三寶廟、三寶寺、三寶塔、三寶山、三寶港（明史暹羅傳，陳倫烱南洋記）

六、仰光

七、孟加拉及吉大港

八、錫蘭可倫坡　博物館藏有鄭和所立之角耳三文石碑，碑文已模糊不清，但早期所印之英文本說明，有較早之照像版，文字甚淸，碑文見作者之錫蘭遊記。

宣、印度洋印度西岸古里（Calicut）瀛涯勝覽及西洋記說和第一（二？）次到此，似曾封王立碑，文曰：「此去中國十萬餘里，民物咸若，熙皐同情。永爾萬世，地平天成。」明史古里傳曰：「永樂元年，命中官尹慶撫其國，其酋遣使入貢，二年到南京，封其國王賜印。柯枝亦然。故封王賜印之人非鄭和而為尹慶，而和第一次亦未到古里。但鄭和先後過此六次，且由此設分綜，無論如何，當有遺蹟可尋。

宝、柯枝（Cochin）和亦六次到此，且於第五次到此頒王印立碑並封鎮國山。

寅、忽魯謨斯（Ormuz, Hurmuz, Orimuz），在波斯灣阿拉伯口，鄭和四次前往，應有遺蹟可尋。

七、阿拉伯半島南岸阿丹（亞丁〔Aden〕）在紅海入口。

佐法兒（Djofar）、剌撒，和曾兩次前往，或係分綜，不妨一查。

六、東非索馬利亞

木骨都束（Magadiso, Magodoxu）

卜剌哇（Brawa Praua）

竹布（Jobo, Juba）

九、馬拉加西　周自勉文：爪哇、蘇門答臘、馬達加斯加現名馬拉加西，華僑不少，不難探問。馬達加斯加每年逢年過節，常有抬鄭和像遊行，形同迎神賽馬會。

三十、北婆羅洲之亞庇文萊，是否鄭和曾經親到及是否亦有遺蹟，亦應一尋。

廟，經遠請其代爲搜集照片記錄等，惜無復音。

一九八二年三月十五日，余去菲律賓晤駐菲代表劉宗翰博士，據其面告，該處至今尚有鄭和

主、蘇祿 在蘇祿海，菲律賓群島西南，鄭和曾帶其使者入貢，亦應一查。

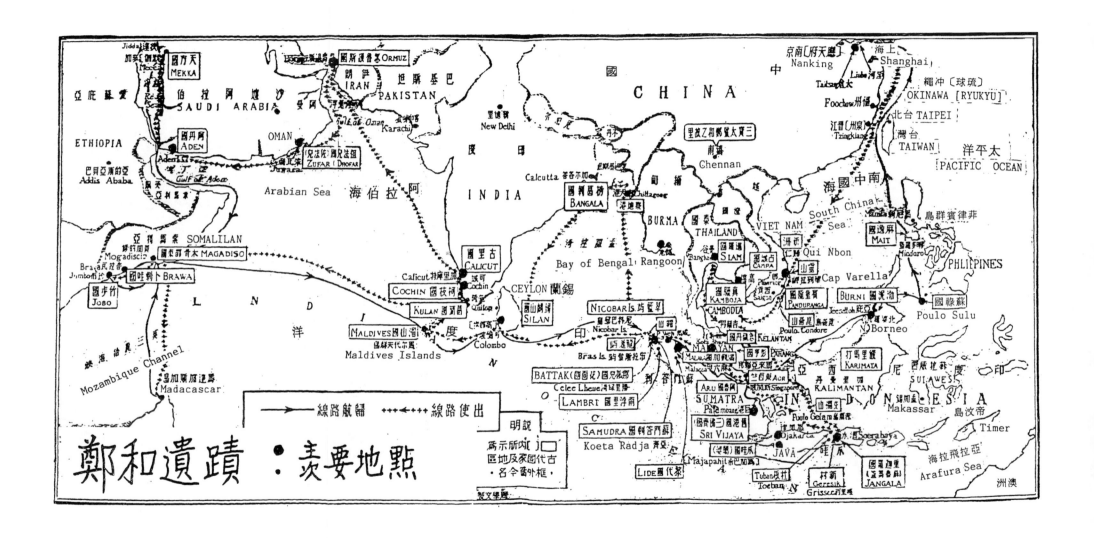

鄭和遺蹟：表要地點

一、三寶壠的鄭和祠

敏學著（原載中國時報）

　　三寶壠位於印尼中爪哇省的北部海濱，爲該省省會，形勢絕佳。距首都雅加達迤東四九〇公里，乃爪哇島北部臨海三大都市之一（餘爲東之泗水及西之雅加達）。五百七十年前我國偉大航海家三保太監鄭和七下西洋時，於一四〇六及一四一六年兩度遠航爪哇，均在三寶壠之北海濱登陸。三寶壠即爲紀念他的功勳而命名。城西五八〇里處，依山掘洞，建三保祠，祀鄭和。當地人呼之爲三保洞(Sampokaong)，又名石室(Gedang Batu)，爲當地著名寺觀。每年中國人和回敎徒來此朝拜者數以萬計。

　　遙想鄭和當年奉使出國，軍威壯盛，旌旗蔽天，船舶相接，威風八面。筆者此次旅遊印尼，自駕一輛老爺車，躑躅其行，形單影隻，孤苦凄涼，僅憑著一股求知的勇氣，翻山涉水，僕僕征塵，滿足我「行萬里路」的願望。有時在極端艱難困苦的情況下，緬懷鄭和的盛況，追思先賢的功業，因而把他七下西洋的動機、經過、影響，以及在印尼所遺留的勝蹟，摘錄一二，以饗讀者。

明朝開國皇帝太祖朱元璋共有二十六子，他最疼愛長子朱標，即所謂懿文太子，而朱標柔弱仁厚。四子朱棣最爲智勇，但刻薄寡恩，不爲太祖所喜，封燕王，遠徙北平。太子早死，以其子朱允汶爲皇太孫。太祖逝世後，太孫繼位，是謂建文帝。仁民愛物，極受擁戴。但雄心萬丈的四子朱棣在北平舉兵反，南下陷京師金陵，自立爲帝，稱成祖，亦即明儒方孝孺所謂「燕賊篡位」。建文帝不知所終。

成祖朱棣以建文帝遺愛在民，心有不安，疑其流亡海外，將來於己不利，於永樂三年（一四〇五）派遣其親信而能幹的回教徒宦官鄭和（印尼史籍稱他穆罕默德鄭和）率將士二萬七千八百人，分乘四十四丈長十八丈濶的大船六十二艘，浩浩蕩蕩，前往南洋搜捕，並欲揚兵異域，以示中國富強，結果，第一個目標雖未達成，第二個目標却極爲成功。不特揚威海上，並增進中國和該一地區的外交和貿易關係。今日華僑同胞在東南亞經濟地位之建立，鄭和實與有功焉。

鄭和從燕王於藩邸，雖爲宦官，一生並無罪過，且被譽爲民族英雄，堪稱歷代宦官第一人。尤其在印度尼西亞爪哇和蘇門答臘等地，極受當地人民的尊崇。根據明史宦官傳記載，鄭和第一次出發，係永樂三年六月，由蘇州劉家河泛海至福建，再由福建揚帆，首達占城（今越南中部沿海一部份）和其他若干國家。每至一國，輒厚賜其國王，宣達中國德意。有由印尼人所建的三佛齊國酋長華裔廣東人陳祖義不服，潛謀刼掠。鄭和與戰，敗其衆，擒祖義

。五年九月還都，獻俘於朝，斬於市。

第二次出發爲永樂九年六月，錫蘭山國王亞烈苦奈兒派兵來劫和舟，鄭和乘其國內空虛，率精兵二千餘人攻破其國都，擒亞烈苦奈兒與其妻子官員等。九年六月還都，成祖釋亞烈苦奈兒回國。東南亞各國大爲震懾，群來朝貢。

第三次爲永樂十年十一日，至蘇門答臘。其前僞王子蘇幹剌方謀弑主自立，率軍邀擊鄭和，和與戰破之，追擒蘇幹剌及其妻子。十三年七月還都。

嗣後各次，鄭和的威名遠近傳聞，所到之處，一致俯首稱臣，再無重大戰爭，僅屬通使宣慰性質。他歷經成祖、仁宗、宣宗三朝，先後七次奉使到今東南亞、西南亞三十餘國，並遠達印度、波斯（今伊朗）、阿拉伯及非洲東岸。順者厚賜，逆者征服，完成中國史上空前未有的壯舉。有明一代，貢使不絕。

鄭和曾到過印尼的地方最多，包括枸欄山（加里曼丹西南 Gelam 島）、加里馬達（Karimata，在加里曼丹和蘇門答臘之間）、爪哇、重迦羅（Garggala，今小巽他群島中的 Sangar）、吉里帝汶（Dili Timor，即今帝汶島）、舊港（今巨港 Palembang，位於蘇門答臘南部）、湳勃里（Lambri，今名齊亞）、那孤兒（Jagroian）、黎代（Lide，在那孤兒西南）、麻逸洞（Bilitan）、龍涎嶼（今名 Pulu Bras）等。協助該一地區的開發與繁榮之功最大。其在爪哇所遺留的古蹟，除三寶壟的三保洞與三保廟外，尚有雅加達之南五十八公里茂物市 Bogol 的

三寶井。

那一時期東南亞國家看中國，是文明與智慧的象徵，是權威和力量的泉源。他們對中國的崇拜是自然的，對中國的臣服是甘心的。鄭和的功勳影響中國和東南亞的關係達四百餘年之久，一直到西洋的船堅砲利和清室的顢頇無能相配合，使得我們在外交上迭經失敗喪權辱國，這才把東南亞國家對我們的崇拜和臣服逐漸沖淡。

三保洞前大殿五楹，高逾數丈，頗為輝宏。所彫三保像，恭奉於玻璃龕中，莊嚴雄偉，兼而有之。寺觀周圍榕樹成林，於綠蔭茂密叢中開放着數千株奇異繁花。當地華裔同胞至今仍把鄭和初到爪哇時的舊曆六月三十日列為紀念日。

三保洞正門有聯，文曰：「滇人明史風來世；井水洞山留去思。」正殿聯為「受命皇朝臨海國，留踪石洞庇人家。」似均非精品，為章太炎於民國三年十月所留，文曰：「尋君千載後，而我一無能。」想係有感於書生報國之無由也。這對於一位乘桴浮海的人，為之感慨唏噓者久之。我生平從不敬拜偶像，但面對此一揚威海外的偉大先賢，不禁恭謹蕭立行三鞠躬禮。

洞之右建有三保廟，其規模與三保洞相若。洞與廟之間，巖崖千仞，華裔同胞磨壁刻石，記述鄭和生平事略。文字容有可議之處，但事關史料，特照錄原文於後（標點係筆者代加）：
…

「明永樂年間有鄭和者，是中國雲南人氏。奉命特派爲欽差大臣，周遊各國，故七下西洋。茲如爪哇、蘇門答臘、孟加拉、阿拉伯等國，都是必經之地。受命以來，懷抱綏撫政策，宣揚文化爲主旨。所到之地，備受各國歡迎，且有派使臣往返藉作投報之誼。五百年來邦交弗替。故吾僑來此謀生者絡繹不絕，幾如過江之鯽。有生斯食斯長於斯者，瓜瓞綿綿，數以百萬計。推厥原委，非鄭公功德之賜而云何？公七下西洋，先後到爪哇兩次，始於一四〇六年，繼後一四一六年，登陸地點是壟川海濱西蒙安行營，駐紮於西蒙安之陽（筆者按：西蒙安〔Simongan〕位於三寶壟之北海濱處），逝世於一四三五年。後人追念其豐功偉蹟，特於此地闢一洞，建一廟，以奉祀之，通稱爲三保祠三保廟。後書一九六〇年林清清立。」

鄭和功業彪炳，聲譽寰宇，祇可惜我國人習慣上崇拜死難或被寃殺的英雄如關公、岳飛、文天祥等，對於成功的英雄多加冷落，加之鄭和身爲宦官，其繼起同僚如王振、汪直、劉瑾、魏忠賢輩弄權誤國，橫行不法，導致明室的覆亡，連帶他也遭受池魚之殃，不太受人重視，實際鄭和不特戰功卓著，兼具外交長才，溝通東西文化並爲華裔同胞開拓東南亞發展途徑，其功勳實不在秦皇、漢武、忽必烈之下，張騫、班超、傅介子均難望其項背。今幸能在海外如此受人頂禮膜拜，香火不絕，死而有知，也聊以自慰了。

神州變色，寇燄高張，時移世轉，國步艱難。仰天長號「待從頭收拾舊山河」，輒爲之眼熱鼻酸，涕泣雙頰。「大風起兮雲飛揚」，翹首北望，搥胸嗚咽，念先賢之雄風，傷國體

之創痛，安得有鐵騎鉅萬，掃蕩群魔，並揚帆海上，重振我大漢聲威？余其望之！

莫莉珍（原載民族晚報）

二、怡保風物

馬來西亞的公路，雖然並不寬闊，但建築相當良好，很少發現坑洞，更沒有看到隨意挖掘路面的情形。

我們全團四十人，乘坐一輛交通車，於上（七）月二十四日上午從吉隆坡出發，前往一百七十八公里外的怡保訪問。車行約莫三十分鐘，碰到一處軍警檢查站，有四、五個荷槍實彈的武裝軍人攔車檢查，搜查車上有無可疑人物及軍火物品。

因為，近來馬共在泰、馬兩國邊區，鬧得頗為厲害，目前正在大規模清剿中。前幾天，馬共更在南方接近新加坡的邊區，公然升起了有污星的「紅旗」；因而，我們原打算到新山演出的計劃，只好取銷了。

公路兩旁，樹木繁茂，有時達到遮天蔽日的程度。最多的是橡膠樹，是有計劃種植的，每一行間隔三至五公尺；一個大橡膠園的範圍，往往佔地兩、三萬公頃。現在怡是割採橡膠的季節，我看見每株橡膠樹上都用刀割一條斜溝，溝前掛一只錫盃，乳白色的膠汁即滴入盃中，每天割取一次，每次約需三小時。

我們的車子在一個接一個的橡膠園中穿過時，常有一股又一股的臭味襲來，這是橡膠工廠把剛割採的膠汁，滲和化學藥品煉製膠塊時，所發出來的臭味。這些又厚又大的膠塊，輸往歐美各國換取大量的外匯，它是馬來西亞的主要財源。

怡保做過很多公益事情的華人，因其貢獻大，故以他的名字作為街名，用來紀念他。

這個城市，三面環山，山形奇特，有高十丈的峭壁，山頂呈圓形，林木繁茂；山腳峭壁間，出現很多深邃古怪的山洞。怡保就躺在這些群山環抱的平野裏，椰林密立，濃蔭籠罩了整個市區，天然的綠化都市。

遊怡保，而不去參觀霹靂洞和三保洞，等於白跑了一趟。

我們於廿五日午餐後，先參觀霹靂洞，位在市郊不遠，坐車十分鐘就到了。洞門前，有四川楊森將軍的題字「大千世界，不二法門」，峭壁高逾百尺，壯觀而雄奇。洞內高大深廣，供有很多佛像，千手觀音、十八羅漢、唐三藏取經及觀音坐蓮台，香火鼎盛。

洞壁四面有壁畫，有名文題字，為我國前駐泰大使杭立武題有「千巖競秀」四個大字，畫家曾希后先生有一幅高大的神像壁畫。

洞內乳鐘懸掛，幽暗的小洞很多，清涼無比；可惜沒有時間一一探尋。

在赴三保洞途中，並參觀一個日本公園；園內有草坪、水池、小橋、飛瀑、綠樹、紅花；雖然精緻，但範圍太小，免不了小家子的習氣。

我們遊覽三保洞時，都自然而然的想起明朝三保太監鄭和，他是我國歷史上偉大的航海家，公元一四〇五年，僅憑了幾艘木船，從上海北邊的瀏河出發，比哥倫布還早八十七年。

他航向南洋，到過馬來西亞半島，三保洞可能是華人紀念他而命名的。

洞的前面，有仿中國園林的佈置；可惜被一次大水災破壞了，荷花池塘長了雜草，塘上的曲橋已傾塌，六角涼亭無人打掃，有破落景象。

三保洞入口處，橫額對聯，滿壁皆是；中國人喜歡題字留名，似乎破壞了天然美。洞內十分高廣，迎面是一座胖大的佛像，笑瞇瞇的，一副心廣體胖，無憂無慮的模樣。佛像面前有十個老尼在誦經，我心裏暗想：佛爺真是佛法無邊，看他那樣肥胖，不患高血壓、心臟病、腦充血、糖尿病和血管硬化，實在了不起。就憑這一點，也該享受十方香火。

從一個小石洞摸索進去，約莫二、三十步光景，明亮的光線又射進此一幽暗的洞中來，驀地開朗，別有洞天。

「別有洞天」，不是形容詞，而是千真萬確的事實。萬萬想不到，在幽洞的盡頭，出現一塊五、六十公尺見方的平地。有一座破損的小廟，廟前有荒蕪的草地，還有一個半圓形小池，池邊砌有矮牆，池內養有許多大小烏龜。

這一塊平地的四周，盡是百來丈高的削陡峭壁，藤蘿懸掛。抬頭仰望，頭頂上是一方蒼天，白雲飛掠，真是天然的奇觀。俗諺說：「坐井觀天」，比喻天小，見識不廣；在三保洞

內可「坐洞觀天」，天亦不大；可是，一方蒼天，變幻莫測，頗富哲學意味。

十多年前，在南洋一帶表演高空特技的王福起先生，現今在怡保落籍，開採錫礦致富；現是錫佳公司常務董事，他駕車邀我和張敎練一起參觀他的錫場。

怡保產錫，故我團所住酒店取名錫都。王君的礦場距怡保半小時車程，地名近打，漫山遍野的土地皆被翻了過來，到處是深坑水池。

採錫方式特別，先用機器抽水，把含錫砂的泥土沖成泥漿，導入水泥溝內，再用水淘取。因錫砂量重，沉澱溝內，取出的錫砂，每斤售價馬幣十元，稅金高達百分之六十，但仍可獲重利。王君的礦場，每月生產錫砂三百石，收入可觀。

近打一帶地區，廢棄的大礦洞，積水成小湖泊；開礦的礦場附近深坑巨穴，寸草不生，彷彿月亮上的洪荒世界。礦主們飛車巡視礦場，駕駛的都是西德出品的「朋馳」牌名貴轎車。此地的馬來西亞人太懶惰，怡保的外貌，千岩競秀，河川壯麗，物產衆多，礦產豐富。華人只知開餐館和雜貨店，不曉得去開拓荒地，開採礦物，暴殄天物，太可惜了。（六十五年八月一日於檳城）

三、從三保太監鄭和的七使西洋看我國古代的航海技術

秦　明（原載中央日報）

五九

明朝三保太監鄭和是中國歷史上的偉大人物，五百多年前，他出使西洋的壯舉，迄今仍為世人津津樂道。

撇開他的貢獻及影響不談，僅就他七次遠航，所經歷的國家、路程及時間而言，都是空前的。特別是他每次遠航，軍容之盛，規模之宏，氣魄之大，更令人歎為觀止。

跟隨鄭和出使西洋的人員，平均每次都達二萬七千餘人。這些人員，均按軍事部署，分為官校、旗軍、火長、舵工、通事、辦事、書算手、醫士、水手、民梢、士兵及鐵錨、木鋕、搭林等工匠，勘稱嚴整完備。

問題是，這樣多的人數，究竟每次動用多少船隻載送，以及這些船隻的種類、形式，一直是個不解之謎。根據明代初年建造的船舶數字顯示，僅永樂元年至三年鄭和第一次出使西洋為止，已建造了一千六百二十二艘，其中專供出使西洋的就有二百五十五艘，例如：永樂元年命福建都司造海船三十七艘；永樂元年瑣里、古里二國，各遣使貢馬，詔許其附載胡椒等物免稅，命有司造船舶二百五十艘，供使西洋；永樂二年元月，命京衛造海船五十艘，命福建造船五艘；永樂三年再命浙江等都司造海船一千一百八十艘。可知當時造船的規模。

另據部分傳世史料所知，當時鄭和所乘船舶，是一種「寶船」。有關「寶船」的制度，已無詳細史料可考。據瀛涯覽勝說：寶船分大、中兩種。大者長四十四丈，潤十八丈；中者

長三十七丈，濶十五丈。這些船，每艘都有命名，如長寧、安濟、清遠等。

鄭和第一次出使西洋，有史可考的寶船數目，是六十三艘，但據已故史學家包遵彭的研究，寶船可能只是一個龐大艦隊中的主力；其他隨行的船隻，可能是由諸種不同性質、不同等級的船舶組成。

他曾搜集若干鄭和下西洋的史料來支持他的推論。例如一般史料提到「綜」字，通常都寫「大綜」、「互綜」、「歸綜」，究竟有何區別呢？最初他百思不解，後來查看「明史卷」，發現海防章內，剛好有這樣一個解釋，即：「且宜修飭海舟，大小相比，或百或五十，聯爲一綜」。船的疑問，便獲澄清。

明萬曆二十五年，由羅懋登寫的「西洋記」，也可以引爲證。這本書雖不能列入正史，但是他寫作的時間，距離鄭和出使西洋很近，故有其參考的價值。例如他對鄭和出使西洋的船舶種類，交待便較他書清楚。書中除寶船一種外，還有馬船、糧船、坐船、戰船等多種。

這些船的形式，分別爲：

寶船桅數九根，船長四十四‧四丈，濶十八丈；馬船桅八根，船長三十七丈，濶十五丈；糧船桅七根，船長二十八丈，濶十二丈；坐船桅六根，船長二十四丈，濶九‧四丈；戰船桅五根，船長十八丈，濶六‧八丈。

值得注意的，西洋記中的寶船大小，均與其他各書雷同，更提高其可信度。可惜這些船

舶的原始檔案，早已散佚，現在能在「龍江船廠志」中看到的海船，已遠較寶船為小，甚至不及西洋記中最小的戰船大。例如這種後期的海船，桅數只有四根，寶船多達九根。船桅是供掛篷用的，由桅數多少，可以推算出船體的大小。

「龍江船廠志」及「天工開物」，都是後期的作品，但是這些資料多少仍可提供一些線索，其中龍江船廠志說，該廠所造海船：「船面有火櫃、官倉、土牆；船舷插棧多路，故後梢部高聳，最上為望亭，梢部的門執板，關梢均全，最下置舵。」

「天工開物」記載的一種內河行駛的漕船，船長五丈二尺，板厚二尺、可載米二千石，較大的，長七丈餘，首尾濶二尺餘，載米量亦增加一千石。而船體與枋牆，都用楠木、樟木、榆木、槐木等建造，棧板則不拘何種木材。其他舵桿用榆木、檔木、椰木，關門棒用稠木、榔木，檔用杉木、檔木、楸木。

另一種運米「遮洋淺船」，可供海上行駛，長一丈六尺，濶二尺五寸，其結構與漕船類似，唯舵桿必用鐵力木，艙灰用魚油與桐油。遠航前，所有海舟都用竹筒貯水數石，期使船內人兩日之需，途中遇到島嶼，再行補足。

以上兩個例子，顯然提起大家一個疑問，像運米船這樣小的船隻，都要裝水數石，那麼寶船一次載人四百五十人，又要儲備多少水呢？以及當時如何將這些水運送上船，船上的儲水設施又如何？都是後人想知道的。

因目前已無記錄可查，筆者願將近日在中央圖書館所看到的一本「四夷廣記」，推薦給大家，裏面有一段是記載日本海船南下中國時，處理飲水情形，或可供大家參考：「凡倭舶之來，每人帶水四百斤，約八百碗，每日用水六碗，極惜愛，常防匱乏也。水味不同海水，鹹不可食，食即人泄，故彼國開洋，必於五島取水，將近中國，過下八山陳錢之類，必停舶換水。所以欲換者，多寒稍可耐久，若五、六月間，蓄之桶中，二、三日即壞，雖甚清，不過數日也。所以倭奴有一秘法，煮泉一、二沸，置之缸缶，能令宿而不壞，然亦不過半月之久。」

較飲水更爲重要的另一個問題，是鄭和飄洋渡海的航行問題，不知他如何克服沿途可能遭遇的天候變化及暗礁？解答這個問題，我們可把時間追溯到鄭和下西洋前九百多年前，即有貿易船，往返印度洋和中國南海。

此外，在鄭和下西洋之前數年，明朝當局已作了各種準備。例如永樂元年，曾遣使尹綬法、國吏王昆敏等，前往海外，收集航海資料，等到他們一行返國，便帶來諸藩所獻各海道所經島嶼、山川、地境的圖表。

從「西夷廣記」所載的航海資料，我們還可看到當時海員如何利用時間、羅盤及天象定航。例如由福建安民鎮往滿剌加（即馬來半島西岸的麻六甲）國的航路情形：

五虎門安民鎮出門，過梅花淺，船從三礁外打水二丈八，過淺取官塘水打水，船行三礁

東北正路，過用巽己針，取東沙山用乙針，三更船取中嶼，用坤申針，四更船平烏坵山，用坤申針，七更船打水七、八托，兩邊過船，近山泥地好住，船平太武山，用坤申，七更平南澳山及外洋，平山用單申針，十五更船，平火星尖，用坤未針，七更船平東姜山及南亭門，用坤未針，五更船取烏豬山，用坤未針，十三更船平七州洋山，用坤未針，七更船平獨豬山，用單未針，二十一更船取外羅山，山外過用丙午針，七更船見校杯嶼及羊嶼外，過船用丙午針，五更船平大佛靈山，用單午針，三更船平伽藍貌山，用丁午針，五更船平羅澳頭，用坤未針，五更船平赤坎山外，洋過有玳瑁鴨，船近坤申，看不見玳瑁州，用單未針，十五更船取崑崙山外，用過單丁未針，四十三更船取荸麻山及東西山將軍帽內，有火燒山用丁針，七更船平鞍山及達羅漢嶼，併白礁北邊進妙，用丁針，五更船取龍牙門，夜間不許行船，切防南邊牛屎嶼，過長晦嶼，又防南邊沙塘淺及涼傘礁，用單午針，二更船平吉里悶山，用單乾針，三更船取崑守嶼，用乾針，五更船取五嶼，收滿剌加為妙針，三更船取射箭山，用單亥針，三更船取崑守嶼。

進一步再看看下列兩個例證，可以了解明代海船的操作情形：

（一）中日兩國自古海上即有密切往還，有不少日本船且在中國閩南沿海訂造，其航海技術，大致應與中國相通。「四夷廣記」記載日本的海船說：「舵工二人合力推，舵隨針盤而行，火掌二人，專看針盤，照秘圖本收放，鏈繚寬緊試驗，經過之山，如不見山，即於山底取。

泥辨色，可以知方向，是否與何地方。頓打一人，專司賞罰。船主一人，出海之人，哨風一人，專司風色。探水一人，打水之工也，專司焚香候時。積庫一人，專司出納財貨。攔頭一人，名爲頭目，專主起椗，拔錨整纜，水手俱聽其言。水手二、三十人，諸色人，惟船主不由推擇，其餘皆出於衆口推封而總屬於頓打。」

㈡明代後期「漕舫」裝備，船上攜有五、六個鐵錨，可以沉水繫舟，最大的是「看家錨」，重達五百斤，航行途中，或已近岸，突遇逆風巨浪，一時進退兩難，可下錨沉水底，其所繫絆者，繞將軍柱上，錨爪一遇泥沙，立刻扣底抓住。十分危急，則下看家錨，待風息開船，用雲車絞纜，提錨使上。

總之，由各種史料可知，鄭和下西洋的成功史實，是建立在中國人的智慧及毅力上。可惜這項光輝的海上事業，自明朝執行閉關政策之後，便告消失。

今天我們置身寶島，四面環海，回顧史蹟，當更激勵我輩奮起，光大往日的海上事業。

附哥倫布傳

第一節　哥倫布的時代背景及其西航的目的

德國卜那吞伯爵（August Graf von Platten）讚美哥倫布說：陽光照耀在大西洋彼岸，你迎著太陽，揚帆西航！祇有西航，才能抓住時光，開創歷史！你就是導航的先行官！

克利司托夫・哥倫布，為西方發現了新大陸。也開創了一個新時代—大發現時代。他使歐洲人得向美洲移民，展開了新的紀元，也使西班牙開始了第二期的發展。西班牙在摩爾人（北非回教化之土人）佔領了七百年之後，於一四九二年才光復了伊比利半島。不但將回族盡數驅逐出境，也展開了天主教消滅異教的工作。就在同年，更聽信了哥倫布的建議，簽訂合作，支持哥倫布開始其西航探險之偉大事業。世人有許多疑問，或認哥倫布之發現新大陸為偶然之成功，更有人說他祇是冒險及輕率之航海家。祇有夏柯特（Jean Charcot）說得對：「他是一個天才，加上虔誠的教徒，決非意外或偶然發現新大陸，而是具有宇宙的觀念和科學研究的根據的。西航古已有之，早在西元前一千年，諾曼人便曾到達北美海岸，但那祇是偶然，而哥倫布卻是了解其所以然和必然！」

哥倫布（一四四六—一五〇六）（註）出生於義大利半島北部的一個臨海侯國熱那亞，比鄭和晚了七十五年。世代經營毛刷及紡織業。以故十四歲時，其父便將其送往帕維亞求學，專攻天文究馬可孛羅遊記，人稱天才探險家。以故十四歲時，其父便將其送往帕維亞求學，專攻天文地理。可是不到一年，便因家庭破產而輟學。被送交參加一遠族之航海工作。那時為西元一四六六年，回教勢力遍及地中海全部。土耳其人已於一四五三年攻佔了君士坦丁。一五二九年更西進到了地中海兩岸，薩拉森人橫行地中海上，那時海上航行並無國際公法。各國船隻為了獨佔及自衞，莫不形同海盜，攻擊並劫奪敵船。地中海既為薩拉森人所獨佔，歐洲人便無法東航，而不得不另尋出路。

西班牙人根據馬可孛羅遊記，於一三七五年完成了世界地圖（道森：多少中國滄桑），和中世紀之製圖法，完全不同，為歐洲思想史開創新的里程碑。葡萄牙的亨利王子（一三九四—一四六〇）便首先創辦了航海訓練班，開始向外海試航，先後發現了馬德拉島及亞速兒群島，不但立即收為殖民地，並設立總督，逐漸由海外擴展到西非沿海各地。一四一五年先到西非，一四八六年，狄亞士更到了非洲南端的好望角。繞過好望角，一四九八年伽馬便到了印度。

哥倫布參加航海事業，是在一四六六年，正是葡萄牙人航海的萌芽時期。哥倫布在遠族的船上，攻伐了四、五年，已經長大成人，面色紅潤，顴骨甚高，雙目烱烱有神。已由船員

升任一船船長。不幸熱那亞侯戰敗，他們的船，便流為海盜船，流浪在大西洋岸，掠奪求生。終於舟破船沉，哥倫布泅水逃生，那時他已三十七歲了（一四八三）落籍葡萄牙。由於是虔誠的教徒，在教堂裏認識一位名門之女，由相識而結婚，岳父亦一名航海家，並曾任某島總督。內兄為大主教，哥氏夫婦與岳母同住。妻姐之夫情況與岳父相同。由於他擁有馬可孛羅遊記的抄本，他在本上加註，表示他對中國的興趣。更由於阿拉伯人的學說，相信地球是圓的，學得了不少航海知識。後來哥倫布積蓄用光，便靠繪製地圖為生。由於他擁有馬可孛羅遊記的抄本，他在本上加註，表示他對中國的興趣。他希望能由西行以通中國。一四八六年，哥倫布已經四十歲，狄亞士已經繞西非海岸南航到了好望角，更激發其西航的信心與壯志。於一四八七年上書葡王，說明他的構想，要求西航以通蒙古大汗，並請求支援。不料葡王與群臣會商之後，予以否決，他便於當年，帶了長子回到熱那亞，轉向祖國政府申請西航，又未成功。又轉赴威尼斯遊說，也遭碰壁。他仍不死心。一面叫其弟去向英王享利七世試探，自己則於一四八八年去西班牙，向正在奮力光復國土的西班牙伊莎貝拉女王遊說，先後三、四年，祇有伊莎貝拉女王獨力支持，直到一四九二年全國光復之後，伊莎貝拉女王方於四月十七日在格拉那達十公里外之聖太菲城與哥倫布簽約，由哥倫布負擔經費八分之一，伊莎貝拉則應允在哥倫布發現新大陸之後，享受下列待遇：

一、任哥倫布為總督並世襲；

二、任哥倫布為新大陸之副王；

三、哥倫布可在殖民地抽稅金百分之十；

四、哥倫布兼任新大陸之大法官；

五、新大陸所獲之一切利益，哥倫布可分得八分之一。

籌備數月，當年八月三日第一次西航，那年哥倫布已經四十六歲了。

中古時期，教皇在歐洲的權力，超越了各地統治的地中海兩岸，不但東羅馬帝國滅亡，甚至聖地耶路撒冷都喪失了，隨後便有十字軍的東征。在伊比利半島上的西班牙和葡萄牙，都被回族統治了幾百年，人民信奉天主，反回意志堅強，由參加十字軍而光復國土，都是對異教異族作戰。教皇尼古拉五世便在一四五四年為了討伐異教及宣揚基督教，又因葡萄牙亨利王子開設航海訓練班有成，為了鼓勵他們去航海，便授予葡王亞豐索全權，可以征服所有非基督教所統治的國家並佔領其屬地。包括島嶼港口及海岸。同時所有其他基督徒，在未經獲得亞豐索或其繼承者許可之下，不得對上述主權有所破壞。所有目前已征服的乃至整個的東方，都將永屬亞豐索。

西班牙比葡萄牙人口眾多，更為強大。一四九二年全國光復之後，接著便由西班牙發動火燒異教徒的行動，這項行動，後來蔓延到整個西歐。伊莎貝拉女王對於宗教的狂熱，又看到葡萄牙人在海外不斷發現新地，加以佔領，成了殖民地，還派了總督，因之便在光復國土

的那年，接受哥倫布西航的建議。八月出發之後，當年十月便發現了新大陸。因此次年一四

九三年教皇亞歷山大六世不得不再頒發分界勒令（Bill of demancation），以亞速兒（Azores）群

島以西三百海里劃一南北線，線東由葡萄牙，線西由西班牙分別負責擴展。

在了解當時政治及宗教情況之後，不難明瞭哥倫布西航之目的所在，不外下列四點：

一、地中海仍被薩拉森人所控制，急需設法通航東方；

二、宣揚基督教及消滅異教的狂熱；

三、葡萄牙已經在海外發現群島及西非海岸，立即佔領並派總督；

四、哥倫布要證實西航可以到達東方，證明地球是圓的。

有人說，哥倫布西航的目的，僅用兩個G字，就可以代表。第一個G字是 God（上帝）

，第二個G字是 Gold（黃金）。試看哥倫布發現新大陸時的畫像，到達之處，首先便是豎

立三公尺高的十字架，其次便是插上西班牙國旗，予以佔領。由於他們那時已有火槍，不怕

土人。接著便是統治土人，找尋財富。

何以在當時，教皇乃至各國國王均堅決主張運用武力和霸道，這也是當時受到幾百年積

壓和環境所造成的。回教徒一手持劍，一手持可蘭經。所到之處，非令投降即誅殺。基督徒

受盡壓迫，當然也就以其人之道，還治其人之身。教皇如此，葡萄牙、西班牙國王亦如此，

派出去的使者，自必也如此。而鄭和、哥倫布二人航海探險的結果不同，也就不足為怪了。

註 根據西洋全史，但德人 Hanno Bock 作 1441—1506

哥倫布畫像

巴塞隆納聖瑪麗亞號複製品

巴塞隆納港口哥倫布紀念碑

第二節　哥倫布之四次西航

哥倫布在一四九二年與西班牙伊莎貝拉女王簽約之後，即在巴洛士 (Palos) 港準備，於當年八月三日星期五晨八時，將人員齊集碼頭，由哥氏將一大十字旗揚升船首，便即出發。全隊僅有三船，第一船爲哥氏坐船，名叫聖瑪麗亞，爲一三桅船，略大於一百噸，爲一裝有全副索具之單層大帆船。船尾有樓，笨重而不靈，哥氏嫌其太大。船上除哥氏外，另有船長璜‧德拉柯沙 (Juan de La Cosa) 及領港、譯員、警員、書記、理財官、王室總管、醫師及四十人員，配有火槍及刀，共有四十九人。

第二船爲一百六十噸之快帆船，船名平塔 (Pinta)，船長爲平松 (Martin Alonso Pinzon，即以後領導叛變哥倫布者)，另有導航、大副、醫師、畫家及船員二十六人，共計三十一人。

第三船亦重六十噸，船名尼雅 (Nina)，船長爲平松之弟，名爲 Vicente Ybanez Pinzon，另有大副、醫師及船員二十四人，共計二十八人。哥倫布此次返航時，因聖瑪麗亞沉沒，改乘此船。三船共計一百零八人。

此次準備，關係航行成功極大。

十月十一日，巴哈馬群島在望。十月二十八日，發現海地北岸，而大平松叛變。十二月

六日，哥倫布在海地北岸登陸，立即樹立一人半高之大十字架，宣布佔領。十一月二十五日，哥氏座船聖瑪麗亞沉沒，改乘尼雅號，歷盡艱辛，食物吃完，僅以海龜為餐。終於次年三月四日，平安回到里斯本。五天後葡王親予接待。回到西班牙，伊莎貝拉女王在哥多華(Cor-doba)舊回王宮予以接見，作者曾親到該處憑弔。第一次往返，共計費時七個月。

第二次出航時間，為一四九三年九月二十五日，以卡地市(Cadiz)為基地。這次有十七艘船及一千二百乃至一千五百人。三艘為一百噸級，十二艘為五十五噸級，另小船二艘。此次到達地點有波多黎各、牙買加及古巴南岸。哥氏統名之為西印度群島。此次在外共達二十五個月，直至一四九六年六月十一日，始回到卡地市。

第三次係於一四九八年五月底出發，共有八船及三百人員。七月三十一日發現千里達群島及委內瑞拉。同年哥倫布發表地球之體形，為一梨形。

由於西班牙人反對哥倫布之殖民地政策，西班牙王另派人出任西印度群島總督，還將哥倫布拘捕，財產充公，兄弟三人，上了鐵鍊，於一五〇〇年十月初押解回到西班牙。後來雖經辯明無罪開釋，却失去了副王及總督的職位。此次西航去還，先後共計二十八個月。

第四次西航，是經由哥氏向西王申請，獲准出發的。一五〇二年五月十一日出發，一五〇四年十一月七日回到卡地市。此次僅有四船及一百五十人。却發現了宏都拉斯、尼加拉瓜、哥斯大黎加及巴拿馬，先後費時三十個月。

附錄

七五

總計哥倫布四次西航，由一四九二年到一五〇四年，前後十二年，在船上度過九十個月，由四十六歲起，到五十八歲止。不幸在第四次回航後不到兩年，便去世了，祇活了六十歲。縱然政治無情，其子孫不能世襲副王總督之位，而他的志願，終於達成，亦可瞑目矣。不過假如哥倫布有鄭和的機遇，每次能攜帶武力四個簡，每簡五千六百人，我想哥倫布一定可以將整個新大陸，完全加以佔領。然而這並不意味著鄭和不行，因爲大明皇帝不要他這樣做。否則的話，中華民族，早已佔領整個西南亞乃至東非了。作者對於這兩位大航海家，實有同樣的敬重，却對於歐人之但知哥倫布而不知鄭和，則表示萬分的惋惜！

附鄭和、哥倫布航海及事蹟比較表如下：

七十年航海節完稿

鄭和與哥倫布航海及事蹟比較表

		鄭　　　　和	哥　倫　　布
年	代	1371～1435　　64歲	1446～1506　　60歲
航海年代		1405～1433 28年34-62歲	1492～1504 12年46-58歲
海上歲月		174 個月	90 個月
出海次數		八	四
船 隻	數量	60 餘艘	3～17 艘
	大小	約350噸（440×180尺）	55～100 噸
人	員	約27600	108～1500
出航目的		1.宣揚中國政府強大及文化。 2.爭取番邦入貢及通商。 3.平抑反叛及鎮暴。 4.擴展通航地區。	1.消滅異教，宣傳基督教 2.佔領殖民地及爭取財富。 3.求證地球為圓形，可以西航通達東方。
重大事蹟		1.三次武功，但不佔領土地，不奪取財物，不強迫信教，尊重當地政權及民族。 2.鎮壓反叛、睦鄰、通商。 3.通航東南亞以迄阿拉伯半島及東非海岸。 4.為中國和平移民鋪路，但未能保障安全及永久。	1.發現中南美洲，所到之處立即佔領並樹立十字架，收為殖民地。 2.以力服人，奪取財產。 3.將西方文化及基督教移殖新大陸。 4.為移民開路，完全成功。

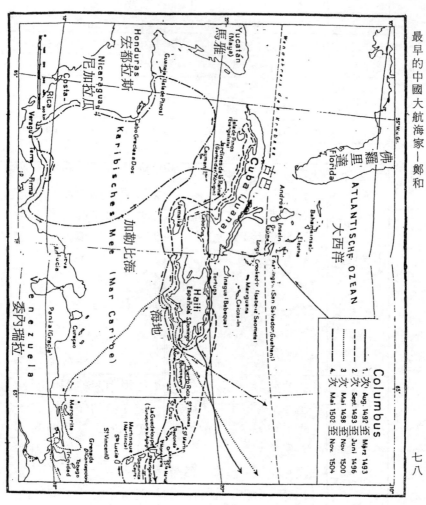

哥倫布四次航線

哥倫布第一次西航船隊

後　記

本書寫成後，經打字複印若干份，先送英德美三國友人，請代研究德文錯誤並搜集有關資料，竟蒙英友李約瑟（即對中國古代科技素有研究之 Joseph Needham）、德友顧德邁（M. Kuder）、韋啓模（Dr. J. Wiercimok，首任台北德國文化中心主任），科隆大學東方研究所主任稽穆（M. Gimm）先後復函讚許此一兼用中德文發表之研究。最有趣者厥爲韋啓模夫人，更藉此以研究中文。歲末更接韋氏來函告稱，十月間西德佛朗克府有世界書展，中共曾展出與鄭和航海有關之書籍六册，以紀念去年鄭和首次出航之五百八十週年。該書全部，惜全爲中文，不知其內容。僅有一册則爲與鄭和事蹟及遺物有關之彩色照片約百張，惜無法購得。至在美國，則由兒女購得大陸出版之畫報刊載鄭和出海五百八十週年紀念之圖片甚多，一一剪寄。

始知在鄭和出生地昆陽，已建紀念館，南京則不但已設鄭和公園，爲鄭立像，且保存鄭和故宅於馬府巷，愧余雖原籍江寧，竟不知南京尚有此宅及馬府巷也。

今夏愚夫婦再度去美，曾在小兒處得閱讀大陸出版之歷代名人傳小册「鄭和」，劉志鵠著，翻閱一過，內容極爲通俗，並無特殊研究。如第七次出海至舊港册封宣慰使，既未列入出航之內；對第三次出海時日亦未詳查，全以碑記爲準。碑記第二次歸航在永樂七年，而永樂

下令第三次出航日期，則在永樂六年九月十八日，豈有人尚未歸，而皇帝卽在上一年下令者。

大陸畫報上，南京亦立有鄭和墓，作者對鄭墓已作研究，應在北平南苑李蓮英墓前。則南京新建，當爲虛構者爾？

劉書指出鄭和在第二次出航時，曾過暹邏，以故該地建有三寶廟。又聞前駐泰使館擔任武官五年之校友唐紹成面告，曾至泰柬各國訪問，泰國亦有三寶廟。而柬埔寨之國君，至今仍稱作詔，可以證明柬人當爲唐代六詔之後裔（參閱商務出版作者另著「南詔興亡之追踪」一書），此兩點應予補充。

在美孫輩集有大陸印發之鄭和紀念郵票四種，彩印頗精，尤其鄭和之官帽、長袍、玉帶、披肩，配以厚底靴，左手握劍，與故宮明帝畫像相似，頗爲英武。

本書承中華書局出版，並承新聞局張京育局長推崇，或將由該局編成電視劇本，除拭目以待外並誌謝忱。

七十五年八月　江　鴻

中華史地叢書

最早的中國大航海家—鄭和

作　者／江　鴻　著

主　　編／劉郁君

美術編輯／鍾　玟

出 版 者／中華書局

發 行 人／張敏君

副總經理／陳又齊

行銷經理／王新君

地　　址／11494 臺北市內湖區舊宗路二段181巷8號5樓

客服專線／02-8797-8396　　傳　真／02-8797-8909

網　　址／www.chunghwabook.com.tw

匯款帳號／兆豐國際商業銀行　東內湖分行

　　　　　067-09-036932　中華書局股份有限公司

法律顧問／安侯法律事務所

製版印刷／維中科技有限公司　海瑞印刷品有限公司

出版日期／2018年3月再版

版本備註／據1986年10月初版復刻重製

定　　價／NTD 350

國家圖書館出版品預行編目（CIP）資料

最早的中國大航海家 ：鄭和 ／ 江鴻著.—再版.
— 臺北市 ：中華書局，2018.03
面 ；　公分 . —（中華史地叢書）
ISBN 978-957-8595-23-1(平裝)

1.(明)鄭和 2.傳記

782.862　　　　　　　　　　　　106024789

EINE STUDIE UEBER DEN
GROSSEN CHIN. SEEFAHRER
IM FRUEHEN 14. JAHRHUNDERT

ADMIRAL CHENG-HO

VON

Prof. Hung Kiang

PUBLISHED BY

CHUNG HWA BOOK COMPANY, LTD.

EINE STUDIE ÜBER DEN GROSSEN
CHIN. SEEFAHRER IM FRUEHEN 14.JH.

ADMIRAL CHENG-HO

Von

Prof. Hung Kiang, Taiwan, China

VORWORT

China als grosse geschlossene Landmasse mit verhaeltnissmaessing wenig gegliederter Kueste hat sich immer als Land der Mitte (Chung Kuo) beze chnet. Die leitenden politischen Staatsideen waren stats mehr auf das Innere des Reiches und seiner Landbewohner gerichtet und zeigten weniger Interesse ueber die Grenzen des Reiches hinaus. Die im Gesichtskreis der Chinesen wohnenden Nachbarvoelker und ihre Staaten wurden historisch wie kulturell niemals als gleichrangig sondern als unterentwickelt und kulturell unterlegen angesehen, und damit alle nichtchinesische Voelker, Sprachen und Kulturen als barbarisch bezeichnet. Damit wurde vom Staatsinteresse her auch kaum besonderer Wert auf die Entwicklung der Kuestengebiete und der Schiffahrt als Bruecke zu den Laendern jenseits der chinesischen Randmeere gelegt. Vielmehr wurde im allgemeinen die Seeschiffahrt von staatswegen vernachlaessigt und einzelnen chinesischen oder auslaendischen Haendlern, auch Seeraeubern ueberlassen.

Nur in einer Periode der langen 5000 jaehrigen Geschichte des chinesischen Reiches traten die Ueberseeverbindungen und die Seeschiffahrt in den Vordergrund der kaiserlichen Interessen, waehrend die Kuestenprovinzen selbst, vor allem Suedchinas, den Handel ueber das Meer und damit auch die private Seeschiffahrt schon viel laenger beguenstigt hatten und auch die Mongolen waehrend ihrer kurzen Herrschaft ueber China die Seefahrt vor allem mit Kriegsschiffen betrieben hatten. Zu Beginn des 14. Jahrhunderts entschloss

sich der Kaiser Yung-lo aus der Ming Dynastie mit traditionellen Abschliessungspolitik Chinas, die noch sein Vater besonders betont hatte, zu brechen und Verbindungen zu den Voelkern jenseits des Meeres aufzunehmen und sie von der Groesse und Macht Chinas zu ueberzeugen bzw. sie in ein Tributverhaeltnis zu zwingen. So nahm 44 Jahre die grosse Seeschiffahrt das Interesse des kaiserlichen Hofes gefangen. Der grosse Seefahrer and Admiral, dem diese Aufgabe vom Kaiser uebertragen wurde, war ein arabisch-persischer Abkoemmling mit dem ihm verliehenen chinesischen Namen Cheng-ho, dessen Vorfahren hundert Jahre vorher zur Zeit der Mongolenherrschaft ueber China zu den aus Persien nach Yuennan in Suedwestchina zwangsumgesiedelten Mohammedanern gehoeort hatten.

Das vorliegende Buch widmet sich diesem groessten chinesischen Admiral und seinen acht Seefahrten zwischen China, dem heutigen Indonesien, Malaisia, Indien, Arabien und Ostafrika. Dem Autor Prof. Dipl. Ing. Hung Kiang geht es dabei um zwei Aspekte. Einmal moechte er das Interesse der Chinesen auf diesen grossen Seehelden in staerkerem Masse lenken, als es disher geschehen its. Er vergleicht ihn mit Kolumbus, dem grossen Seefahrer der westlichen Welt, der rund 80 Jahre nach Cheng-ho seine Fahrten nack Amerika durchfuehrte und der von der Nachwelt in Europa und Suedamerika bis heute auf viele Weise sichtbar geehrt wird, waehrend die Chinesen ihren Seefahrer kaum erwaehnen. So hat der Verfasser grosse Forschermuehe darauf verwendet, den Spuren Cheng-hos, die auf die Seefahrten, in den besuchten Laendern nachzugehen, Berichte hierueber zu ueberpruefen und auf die noch bestehenden Luecken und vielleicht noch zu findenden Erinnerungsstuecke hinzuweisen. Er will vor allem auch die dort wohnenden Ueberseechinesen anregen, sich am Auffinden solcher Spuren ze beteiligen.

Das noch groessere Verdienst gebuehrt dem Autor aber fuer seine systematische Durchforschung aller bisherigen Darstellungen ueber die Vorfahren Cheng-hos und ueber seine Fahrten, die Klaerung von widerspruechlichen Einzelheiten, vor allem auch die Festlegung der Zahl der Fahrten

wie auch ihre Hintergruende und Durchfuehrung. Dabei werden viele neue Erkenntnisse zutage gefoerdert, in der gorssen Zusammenhang gestellt und systematisch erklaert.

Zur besseren Uebersicht der chinesischen Geschichte in diesen Jahrhunderten und der unterschiedlichen geographischen Ausdehnung des chinesischen Reiches in zeitlicher Abfolge und der verschieden langen Regierungsdauer der einzelnen chinesischen oder fremden, Dynastien, ihres geographischen Wirkungsbereichs und der staendig wechselnden Gebietshoheit entwarf der Verfasser anschauliche Kartenskizzen, die eine Bereicherung fuer das Verstaendnis Chinas darstellen.

Prof. Dr. Dr. h.c. Manfred Kuder
National Taiwan University
und Fu Jen University

Kapitel I

Warum und wie soll man das Andenken an Cheng-ho pflegen?

Vor oder zu Cheng-hos Zeit hat es viele Expeditionen in China gegeben, wie z.B. Chang-Chien, Hsuän-tsuan, Fa-hsiän (Moenche) und Yün-ching. Aber sie sind alle nicht so erfolgreich wie Cheng-ho gewesen. Cheng-ho war so beruehmt in den suedoestlichen Laendern Asiens, dass man bis jetzt noch ueberall an seine Geschichte und Erlebnisse denkt. An vielen Orten existieren noch seine Dankestempel oder andere Denkmaeler-Leider findet man solche nicht in seinem eigenen Land. Die Ueberseechinesen feiern jaehrlich an seinem Geburtstag oder Landungstag, wie z.B. in Palembang. Schon zu seinen Lebzeiten oder nach seinem Tod hat man in der Ming-Dynasie seine Seefahrterlebnisse aufgeschrieben (Lo Mau-deng's Hsi-yang Tun-schu Yen-yi-Erzaehlungen ueber Westozean-Fahrten) oder Theaterstuecke und Erzaehlungen von Geschichten vor Publikum ohne Theatervorfuehrungen geboten.

Schon in dem Buch von Du Schu Ming Chiu Tji, gedruckt im Ming-Dynastie, findet man die Erwaehnung, dass San-bau (Rufname Cheng-hos) sehr oft Westozeanfahrten durchgefuehrt, natuerlich auch sehr viel erlebt hat. Ueberall werden seine Erlebnisse erzaehlt, von den kleinen Gassen bis zum Kaiser-hof. Daher sind Theaterstuecke und Volkserzaehlungen sehr verbreiter und zusaetzlich Ausschmueckungen eingefuegt worden.

Bis heute werden Cheng-hos Seefahrten nicht allein in China, sondern auch in europaeischen Laendern erforscht. Im Vergleich mit den oben genannten anderen Seefahrern muss ich Cheng-ho als gluecklich bezeichnen. Der Grund ist der, dass Cheng-ho bei seinnen acht Fahrten in 28 Jahren dreimal Kriege gewonnen, zweimal Koenige gekroent und bei Siegelverleihungen Handelsbeziehungen angeknuepft hat. Ausserdem hat er auch der Friedenwillen der Chinesen bezeugt, einen grausamen Regierungschef abgesetzt, einen neuen Nachfolger aus dem oertlichen Volk ausgesucht, kein Stueck fremdes Land besetzt, um ein anderes Volk zu assimilieren oder zu vernichten. Bei jeder

Seefahrt hat Cheng-ho vier Divisionen zu 5,600 Mann mitgenommen, es waren vier von den 28 Kuestenschutzdivisionen der Ming-Dynastie. Falls Cheng-ho wie Kolumbus bei jeder Fahrt mit je einer Division ein Land besetzt haette, so haette er bei seinen acht Fahrten mindestens 28 Laender erobern koennen. Er hat nicht wie Kolumbus beim Landen mit Kreuz und Fahne sofort das Land besetzt und Gouverneure ernannt. ˙

Im Vergleich mit Kolumbus wird Cheng-ho doch als ungluecklich bezeichnet werden muessen, da er bis jetzt noch nicht als grosser Seefahrer von der Welt anerkannt wurde, obwohl er seine Expeditionen 87 Jahre vor Kolumbus unternommen hat. Wir sind schuldig, da wir seine Fahrten nicht genuegend erforscht haben. Uns Chinesen fehlt die Exaktheit, es fehlt ausser genauen Daten noch System. Alles laesst man ungefaehr-sosolala. Wir duerfen den englischen Historiker Parkinson nicht tadeln, dass er uns kritisiert, dass die Orientalen verlieren, verursacht aus folgenden Gruenden; 1) z.B. Technologie. Die Chinesen haben das Pulver erfunden, die Mongolen haben die Europaer mit den Kanonen beasiegt. Aber die Europaer haben die Waffen weiterent-wickelt und schliesslich im Jahr 1851 den Rifle gebaut. 2) Es fehlt den Chinesen der Glaube an Fortschritt. Sie haben immer die Sehnsucht nach Vergangenheit, daher mehr Traum als Hoffnung. 3) Sie legen zu viel wert auf Glueck und Frieden und koennen deshalb zur gegebenen Zeit Blut und Boden nicht selbst verteidigen und retten. 4) Ihnen fehlt das Gefuehl fuer die Zeit. Alles wird dann zu spaet.

Die Analysen stimmen meistens. Trotzdem haben wir uns zur Zeit bemueht, das zu verbessern. Ich finde dies immer noch nicht genug. Wir sind z.B. stolz, dass wir Magnetnadeln, Papier, Druckerei, Schiffbau, Steigbuegel zum Reiten, das Schiffsteuer, Pulver und Akkupunktur erfunden haben. Ausserdem hat der Seeraeuber Yang-Yiao das Radschiff erfunden, wobei durch Fusstreten von Raedern an beiden Seiten das Schiff vorwaertsgetrieben wird.

Bis jetzt haben wir noch kein einziges Museum fuer das oben genannte Gebiet gebaut, noch eine Forschungsanstalt errichtet. Nur in Appletown,

Wisconsin-USA, habe ich ein Papiermuseum und im Mainzer Guttemberg-Museum eine alte Druckerei gesehen. Umgekehrt habe ich in Cadiz, Spanien, das Kolumbus-Musseum besucht. Es ist mein Wunsch, ein Cheng-hò Museum aufzubauen. Besonders beeindruckt war ich auf meiner Reise in Spanien, obwohl ich so oft Auslandsreisen gemacht habe. Ueberall finde ich Hotels, Plaetze oder Strassen nach Kolumbus oder Colon genannt. Von Cheng-ho finde ich so etwas bei uns nicht. In dem Kolumbus-Museum in Cadiz kann man noch das Haus, den Ausgangsort der Kolumbusfahrten sehen, nur ergaenzt von den Karten seiner Reisen. Sehr oft werden dort Weltkonferenzen oder Symposien ueber die Seefahrt gehalten. In der Giralda-Kirche in Sevilla ist der Steinsarg von Kolumbus wie die anderen der Koenige aufgestellt. Davor wird ein Schatzkasten von vier Menschen getragen, ein Zeichen, dass Kolumbus Schaetze nach Hause gebracht hat. Im Hafen von Barcelona liegt das Schiff Santa Maria, eine Imitation des Kolumbus-Schiffes in gleicher Ausfuehrung. Am Hafen steht auf der Spitze seines Denkmals Kolumbus auf einer Erdkugel mit nach Westen ausgestreckter Hand. Wenn Cheng-ho nicht ein Chinese waere, so glaube ich, wuerde man auch irgendwo etwas aehnliches finden koennen. Aber wir Chinesen vergessen leicht einen Helden.

Bei einer internationalen Konferenz in Ceylon habe ich in der englishen Encyclopedie unter .Ceylon zweierlei von Cheng-ho gelesen. Er haette in Galle einen Denkstein gesetzt, ausserdem mit dem oertlichen Koenig Krieg gefuehrt. Der gefangene Koenig sei nach China gebracht worden. Erst nach Entlassung durch den chinesischen Kaiser Yung-lo wurde er bei Cheng-hos naechster Expedition zurueckgebracht, jedoch abgesetzt und ein neuer Koenig eingesetzt. Waehrend der Sitzungstage habe ich die Zeit genutzt, um die Steintafel zu finden. Schliesslich habe ich sie in dem Aufbewahrungsraum im Museum gefunden, aber ungepflegt auf dem Boden liegend. Ich habe die Schriften in drei Sprachen eingraviert gefunden, wie sonst die anderen chinesischen Steintafeln vor den Graebern. Chinesisch, Arabisch und Tamisch (Ceylon). Die Schriften sind nicht so klar geblieben. Aber auf einer Zeitschrift des Museums aus frueherer Zeit in Englisch habe ich alle Schriften

abgeschrieben. Besonders wichtig finde ich die richtige Zeit von Cheng-hos Fahrten. Diese Steintafel hat eine Hoehe von drei Fuss und eine Breite von 2 Fuss, rechts Chinesisch, jedes Zeichen hat eine Groesse von 1,5 cm, links oben ist Persisch, unten Tamisch. Die Beschreibung des Steins in Englisch heisst: In Galle 1911 entdeckt, von dem chinesischen General Cheng-ho bei seiner zweiten Expedition im Jahre 1409 aufgestellt., wohl vorher in China graviert. Dies soll nicht stimmen, da es in China keine Steintafel in solch kleinem Format gibt. Ausserdem kennt man auch nicht Tamisch-Schriften. Dann hat dieser Stein keine besondere Bedeutung, ausser um Buddha zu danken.

Angeregt von den obigen zwei Angaben habe ich mich in den letzten 20 Jahren bemueht, diese beiden Personen Cheng-ho und Kolumbus zu erforschen, um sie zu vergleichen. Nur die Bauweise von Cheng-hos Schiff, Seefahrtstechnik und Nachrichtendienst muessen noch festgestellt werden, z.B. ob er auch Tauben benutzt wie der grosse Kaiser der Tang-Dynastie, der dies von den Arabern uebernommen hat. Ausserdem ist auch noch wenig ueber die Waffen bekannt, die Cheng-ho gebraucht hat, wenn man auch sagt, dass die im Stadtgarten von Djakarta aufgestellten drei oder vier Kanonen von Cheng-ho hinterlassen worden sein. Wenn wir bis jetzt noch kein Bild von Cheng-ho finden koennen, so kann man aber doch ohne Schwierigkeit die Bilder aus den Gedenktempeln von Cheng-ho in den Staedten in Indonisien und Malaysia uebernehmen. Es waere leicht, die Fragen zu erforschen, wenn wir eine Forschungsgruppe organisierten mit Historikern und Geographen aus dem In-und Ausland. Es gibt so viele Statuen, Tempel, Feiern, Sagen, Erzaehlungen, Festzuege nebst vielen Forschungsangaben in den Universitaeten in Singapore und Malaysia. Ausserdem kann man eine Studiengruppe ueberall dort hinschicken, wo Cheng-ho gelagert, Werften gebaut, Koenigssiegel und Trachten verliehen hat, wie z.B. in Cochin, Calicut, Palembang. Ausserdem kann man aus den Geschichtsaufzeichnungen herausfinden, was die Laender durch Cheng-ho dem Kaiser geschenkt haben und umgekehrt. Dann muss man feststellen, was fuer Geschaefte die Chinesen mit anderen Laendern ausgefuehrt haben. Wenn der T.V.-Dienst danach eine Studienreise machte,

so musste die Geschichte Cheng-hos sehr interessant und vollstaendig sein. Dann waere es auch leicht, das Cheng-ho Museum aufzubauen. Somit wird unser Forschungsgeist angeregt, die Ueberseechinesen ermutigt und nicht zuletzt Cheng-ho als der erste grosse Seefahrer von der ganzen Welt anerkannt. Ausserdem muss das Museum mehr Touristen aus aller Welt anziehen. Am 16. Maerz 1975 hat der Verfasser einen Artikel in Shin-Wen-pao veroeffentlicht mit dem Vorschlag, das Cheng-ho Museum aufzubauen.

Ich habe versucht, die Beziehung zwischen der Regierungszeit und Reichsdimension verschiedener Dynastien graphisch darzustellen, wie Figur 1, die zeigt die Regierungszeiten und Reichsdimensionen in 1000 Jahren. Das soll die Studie veranschaulichen. So versuche ich auch, die Geschichte Cheng-hos in Tabellen aufzustellen. Vielleicht kann dieser Versuch ein Kolumbus-Ei sein.

9

FIG 1 HISTORISCH KOMB. GRAPHISCHE DARSTELLUNG VERSCH. DYN. IN CHINA V. 900-1911.

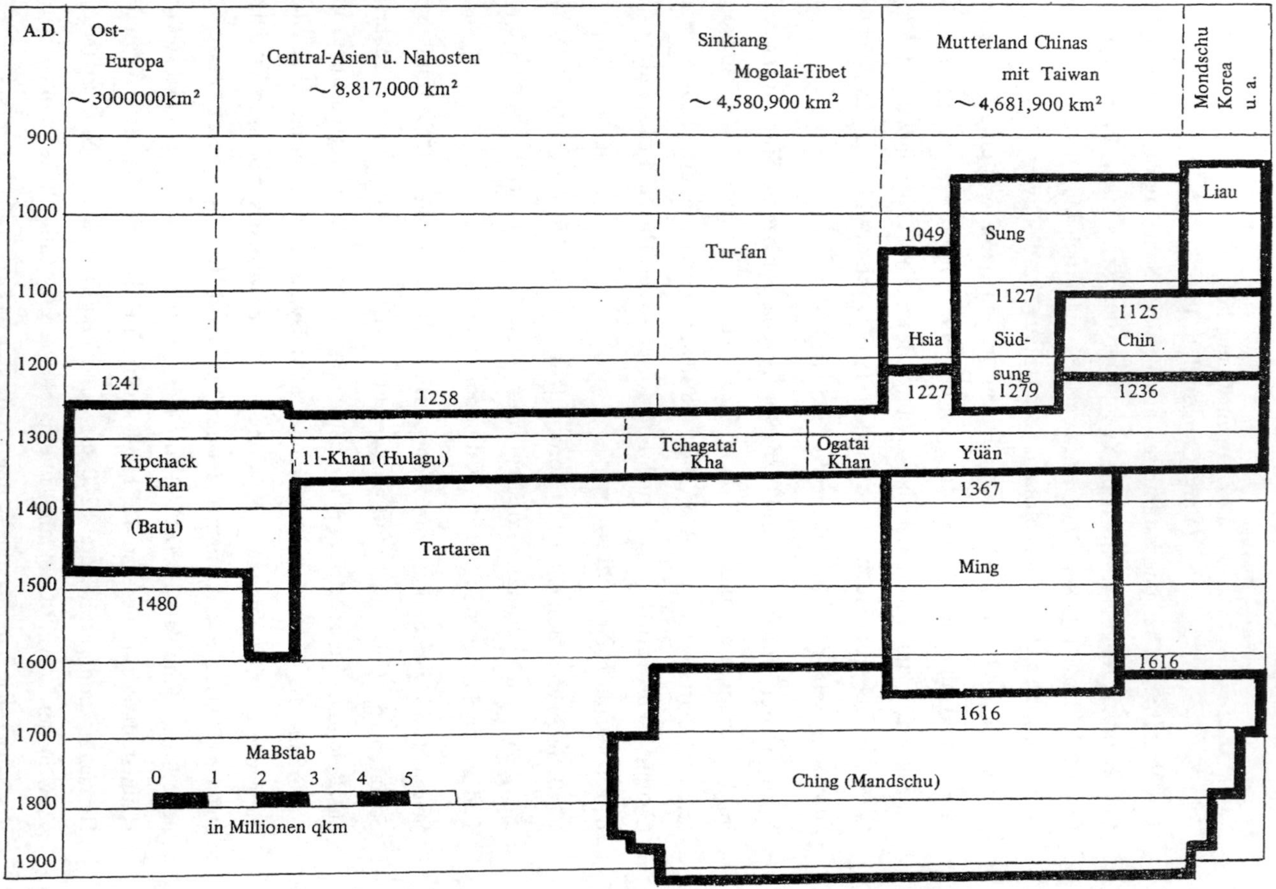

A.D.	Ost-Europa ~ 3000000km²	Central-Asien u. Nahosten ~ 8,817,000 km²	Sinkiang Mogolai-Tibet ~ 4,580,900 km²	Mutterland Chinas mit Taiwan ~ 4,681,900 km²	Mondschu Korea u. a.

900.

1000

1100

1200

1300

1400

1500

1600

1700

1800

1900

Liau

Sung

1125 Chin.

1127

Süd-sung 1279

1236

1049

Hsia

1227

Tur-fan

Yüän

Ogatai Khan

Tchagatai Kha

1367

Ming

1616

Ming

1258

11-Khan (Hulagu)

Tartaren

1616

Ching (Mandschu)

1241

Kipchack Khan

(Batu)

1480

MaBstab

0 1 2 3 4 5

in Millionen qkm

Zur Person: Cheng-ho
(Vergl.Chinesisch S. 11)

Die Vorfahren Cheng-hos stammten aus Persien. Sein Urgrossvater kam mit
den Truppen Jenghis-Khans nack Yuennan in den Kreis Kuenyang(Vergleiche
Chinesich Seite 11). Sein Familienname war eigentlich Ma, das ist eine allge-
meine Uebersetzung fuer Mohammedaner aus Arabien von Chinesen. Sein
Grossvater und sein Vater hatten den Vornamen Hadji, was eine Faelschung
durch die Chinesen ist, da Hadji eigentlich ein Titel fuer alle Mekka-Pilger ist.
Cheng wurde am 30.6. 1371 (im 4. Jahre des 1.Kaisers Hung-wu der Ming-
Dynastie) geboren, noch nicht hundert Jahre nach der Einwanderung und U-
msie dlung seiner Familie, die gegen 1285 erfolgte.

Nachdem der Mongole Temujin (spaeter in Jenghis-Khan im Sinne von Kaiser
im Universum umgetauft) im Jahre 1206 seine Herrschaft in der Mongolei
errichtet hatte, hat er 1227 Hsia (Nordwestchina) erobert. 1230 bestieg
Ogatai, sein dritter Sohn und Nachfolger, den Thron. 1236 endete die
Dynastie Chin in Nordchina.

1240 fielen die Mongolen in Chorezm (Samarkand, Afganistan und Bagdad)
ein. 1251 wurde Mangu Grosskhan nach seinem Vater Ogatai. Nach seinem
Tod wurde Mangu's Sohn 1257 Kaiser der Mongolen.

Schon 1253 war Subtai vom mongolischen Kaiser mit 100,000 arabischen
Soldaten von Chorezm nach China geschickt worden und hatte in zwei Jahren
das Reich Da-li erobert, das ein selbstaendiges Land im Suedwesten Yuennans
ausserhalb des Herrschaftsbereichs der Sung-Dynastie war, darauf aber auch
die ganze Provinz Yuennan. Die Mongolen hatten von dieser Basis in Yuennan
aus 1263 Krieg mit An-nam (Viet-nam) gefuehrt. Ein Jahr vorher hatte der
neue Kaiser Khublai (1260-1294) die Herrschaft uebernommen und 1264 die
Hauptstadt Peking besetzt. 1271 uebernahm die Mongolen-Dynastie Yuän die
Herrschaft und vernichtete 1280 die Sued-Sung-Dynastie in Ning-an (Hang-
chow in der Provinz Chekiang) und damit war ganz China unter mongolischer
Herrschaft. Die Yuän-Dynastie hat nur 88 Jahre (1279-1367) gedauert.

Vor der gaenzlichen Eroberung Chinas hatten die Mongolen viermal Araber nach Yuennan gebracht, das erste Mal 1253 beim ersten Einbruch in Yuennan, dann 1263 nach der Eroberung von An-nam. 1270 begruendete der Khan Yuennan als Provinz, und der Araber Saiyiddi Adjall Omar, ein Nachkoemmling Mohammeds, wurde zum Gouverneur von Yuennan ernannt. Sein Sohn Nasir al Diro war sein Nachfolger (1273-79). Er hat sehr viel geleistet und wiederum mit 100,000 arabischen Soldaten den Eroberungskrieg gegen Burma und Indochina gefuehrt. Das vierte Mal, 1285, wurden 1000 arabische Familien nach Yuennan gebracht, dort angesiedelt und dadurch 67,000 Suan (etwa 4500 ha) neues Land kultiviert. Der Urgrossvater Cheng-hos, Baiyen, soll zu dieser Zeit nach Yuennan gekommen sein, also 86 Jahre Vor Cheng-hos Geburt. Dieser war demnach die vierte arabische Generation in China. Aus der Inschrift auf dem Grabstein fuer Cheng-hos Vater (er wurde erst kurz vor Cheng-hos erster Expedition in seinem Heimatkreis Kuen-yang in Yuennan errichtet und die Inschrift von dem Minister Li-tze-gan entworfen*) geht hervor, dass man die Familienlinie nur dis zu seinem Urgrossvater Baiyen und dessen Frau Ma zurueckfuehren kann. Sie sind beide aus der Familie Ma (wie die Chinesen die meisten Mohmedaner dem Klang nach nennen.). Die

*) Der Grabstein wurde im 3. Jahr der Regierung Yung-Lo (1405) aufgestellt. Er hat eine Groesse von 6' x 2.7', ist aus rotem Sandstein und steht etwa 1 li (500 m) ausserhalb des westlichen Stadttors seiner Heimatstadt Kuen-yung in Yuennan. Er wurde 1935 vom Buergermeister unter einem Pavillon neu aufgestellt. Der Stein enthaelt folgende Angaben: Vorname Hadji, Familienname Ma, geb. in Kuen-yang die Familie dort seit Generationen, Grossvater Baiyen, Grossmutter auch aus der Familie Ma, Vaters Name auch Hadji, Mutter aus der Familie Wen. Gestalt sehr gross und elegant, dass man Furcht vor ihm haben konnte. Er war sehr gerecht und half gern den Armen. Seine Frau war auch aus der Familie Wen. Sie hatten sechs Kinder, zwei Soehne und vier Toechter. Cheng-ho war der zweite Sohn und am Kaiserhof taetig. Daher hat er vom Kaiser den Familiennamen Cheng bekommen.

Urgrossmutter kann auch Einwanderin gewesen sein, da seinerzeit 1000 arabische Familien, also auch Frauen und Kinder, aus Persien nach China gebracht wurden, unter ihnen auch die Urgrosseltern von Cheng-ho waehrend sein Grossvater und sein Vater Hadji hiessen, stammten seine Grossmutter und Mutter aus der Familie Wen. Sie koennte eine chinesische oder eine eingewanderte arabische Familie sein. Cheng-hos Vater war 1344 in Kuenyang geboren, Cheng-ho selbst also der Nachkomme der dritten Generation aus Persien und hatte mindestens ein Viertel arabisches Blut.

Dass Cheng-ho Araberblut hatte, zeigte auch seine Gestalt. Der Kaiser Yung-lo, der ihn spaeter mit den Expeditionen beauftragte, legte viel Wert auf Gestalt und Gesicht seiner Untertanen, woraus man Charakter und Schicksal lesen kann. In den Aufzeichnungen des Geschichtsschreibers (ein unabhaengiger Beamter, der laufend ueber die Regierungsgeschaefte der Dynastie berichtet) gibt es ein Sonderkapitel ueber den beruehmten Gesichtsdeuter Yuen-Chungtze. Darin werden Gestalt und Gesicht Cheng-hos genau beschrieben. Als der Kaiser die Absicht hatte, Cheng-ho die Leitung der Expeditionen zu uebertragen, hoerte er zunaechst dem Gesichtsdeuter Yuenzu, ob Chung-ho die geeignete Auswahl sei. Die Beurteilung war so: Cheng-ho hat eine Groesse von 9 Fuss, Bauchumfang 10 Handspannen (das ist die Spanne zwischen ausgestrecktem Daumen und Zeigefinger), Stirn, Kiefer, Wangen herausragend, kleine Nase, klare Augen, schwarze Augenbrauen, schoene glatte weisse Zaehne, lange Ohren, Trittschritte wie ein Tiger, laute Stimme, sodass kein anderer mit ihm vergleichbar war. Durch Klugheit und Geist, Gesicht und Gestalt erschien er als der geeignetste. Ein weiterer Grund, scheint mir, war, dass Cheng-ho aus einer arabischen Familie stammte und sein Grossvater und Vater Hadji als Mekkapilger auch Erfahrungen in der Seefahrt haben mussten. Aus der Grabinschrift von Cheng-hos Vater geht klar hervor, dass er die Gestalt seines Vaters geerbt hat.

Der Familienname Cheng-hos war eigentlich Ma. Die Araber hatten urspruenglich keine Familiennamen. Man nennt gewoehnlich nur den Vornamen wie z.B. Ahmed, sein Vater Ali, Grossvater Muktar. Falls zur gleichen Zeit viele

Menschen Ahmed heissen, werden sie unterschieden durch Ben Ali, wenn das nicht genuegt, setzt man noch Ben Muktar hinzu. Er heisst dann Ahmed Ben Ali Ben Muktar. Cheng-ho soll eigentlich San-Bau Ma geheissen haben, wie die Dynasiegeschichte vermerkt. Sein Vater war bei seiner Geburt 27 Jahre alt, im Jahre 1371 am Ende der Yuän-Dynastie. Als Ming's Kaiser Hung-wu seine Truppen nach Yuennan schickte, war sein Vater schon tot. Er hatte nur 38 Jahre gelebt. Bei diesem Krieg zwischen der Ming-Dynastie und der mongolischen Yuän-Regierung in Yuennan 1381 war Cheng-ho erst 10 Jahre alt. Dr wurde verhaftet, zum Eunuch geschnitten und als Leibknabe in die Familie des Ming-Generals Fu-yiu-de aufgenommen, die er in vielen Kriegen begleitete. Als der General Fu dem spaeteren Kaiser Yung-lo aus der Ming-Dynastie und als Kaisersohn seinerzeitigem Koenig Yen in Peking unterstand, wurde Cheng-ho langsam vom Leibgardisten bis zu einem hohen Posten am Kaiserhof befoerdert.

Der Kaiser und Reichsgruender Hung-wu hatte nach dem fruehen Tod des Kronprinzen dessen Sohn, also seinen Enkel zum Nachfolger bestimmt. Nach dem Tod des Kaisers empoerte sich dagegen sein vierter Sohn Yung-lo und fuehrte gegen seinen Neffen, den neuen Kaiser, Krieg, marschierte von Peking nach Nanking, vertrieb den Kaiser und bestieg selbst den Thron. Er liess seine Truppen von auslaendischen, vor allem arabischen Generalen wie Cheng-ho fuehren, da er sie fuer treu ergeben hielt. Er gab ihnen allen einen chinesischen Namen. Cheng-ho wurde mit 33 Jahren im zweiten Regierungsjahr des Kaisers Yung-lo, 1404, mit der Leitung einer der 8. Abteilungen der Verwaltung des Kaiser beauftragt. Um die Leistung Cheng-hos in diesem Krieg zu belohnen, uebertrug ihm Yung-lo spaeter die Leitung der Expeditionen auf See. Die Legende sagt, dass ein Grund fuer sie die Suche nach dem geflohenen rechtmaessigen Kaiser war, dessen sich Yung-lo bemaechtigen wollte. Aber hierueber ist nichts Dokumentaisches ueberliefert, nur kurz erwähnt in Cheng-ho's Biographie.

Obwohl Cheng-ho Nachkomme von Mohamedanern war, wendete er sich dem Buddhismus zu. Im Jahr 1403 hat er fuer einen buddhistischen Tempel Geld

gestiftet, ein buddhistisches Buch drucken lassen mit seinem buddhistischen Namen Fu-san mit Familienname Cheng. Das beweist, dass ihm schon vor der Thronbesteigung Yung-los der Name Cheng als Familienname verliehen worden ist. Wenn er in Indonesien bis heute immer wieder als Mohamedaner bezeichnet wird, so war er doch Buddhist. Waehrend seines Lebens hat Cheng-ho fuer viele buddhistische Tempel gespendet mit Ausnahme im Jahr 1417. Am 16. Mai dieses Jahres hat er auf seiner 5. Expedition in Chuen-tschou, Fukien, in einer mohamedanischen Gedaechtnishalle gebetet. Auf einer Tafel in einer am Ende der Ming-Dynastie erbauten Moschee Chin-djin-sze in Si-an, Shensi, wird erwaehnt, dass Cheng-ho vor seiner Expedition nach Hormuz am Persischen Golf den Mohamedaner Hadji Hasan als Dolmetscher angeworben und mit nach Hormuz genommen hat. Auf seiner letzten Expedition hat Cheng-ho eine Teilflotte nach Mekka geschickt. Er selbst war nicht dabei. Das zeigt, dass er die Pilgerfahrt nach Mekka nicht schaetzte, sonst haette er als Mohamedaner auf diese Gelegenheit nicht verzichtet.

Kapitel III

Die acht Seefahrten Cheng-hos
Vergl. Karte vor Chines. S. 31)

Die vom Kaiser Yung-lo angeordnete verstaerkte Seefahrt in der ersten Haelfte des 15. Jahrhunderts war ein herausragendes Ereignis in der an sich binnenlaendisch ausgerichteten kaiserlichen Politik. Hung-wu, der erste Kaiser der Ming-Dynastie, hatte noch mehrmals verkuendet und als sein politisches Testament hinterlassen, dass man die Laender rund um China nicht angreifen solle. Nur wenn sie China schaden, muessten Kriege gefuehrt werden. Deshalb brauche man auch keine starkes Militaer. Wenn das Land zu gross sei, sei es schwer, lange den Frieden zu erhalten. Aber das Volk duerfe nicht zu sehr belastet werden, sonst herrsche Unzufriedenheit im Volk. Ein frueherer Kaiser vor vielen Jahren habe einmal von sich aus Krieg gefuehrt und verloren. Es sei daher des Kaisers Wunsch, dass seine Nachkommen und seine Nachfolger nicht Krieg fuehrten mit Laendern, die durch Berge und Meer so weit entfernt seien. Was China von diesen Laendern bekaeme, koennte nichts nutzen. Nur vor den Laendern im Nordwesten Chinas muesse man auf der Hut sein. Diesem kaiserlichen Willen ist Yung-lo nicht gefolgt. Nachdem er als juengerer Sohn nach dem Tod seines Vaters, des Kaisers Hung-wu, seinen Neffen und rechtmaessigen jungen Kaiser aus der Hauptstadt verdraengt hatte, bestieg er selbst als Usurpator 1403 den Thron.

Ueber die Hintergruende der 1405 einsetzenden und bis 1433 dauernden grossen Expeditionen auf See, die an die Kuesten der beiden damals den Chinesen bekannten Meere, Suedozean, Suedostasien und Westozean, Indisches Meer bis Ostafrika, fuehrten, ist nichts Authentisches berichtet. Bereits im ersten Jahr seiner Regierungszeit hob Kaiser Yung-lo das Verbot seines Vaters auf, mit dam Ausland Handelsverkehr zu pflegen. Durch die in der Folge schnell aufbluehenden Beziehungen haben die Regierung selbst wie auch die chinesischen Kaufleute viel verdient. Die Expeditionen unter Cheng-ho dienten daher einmal dazu, den weiteren Handel mit den Laendern am

Sued-und Westozean zu entwickeln. Ein anderes Motiv des Kaisers soll sein Prestigedenken gewesen sein, da er einmal als Usurpator das Beduerfnis hatte, alle erreichbaren Laender von seiner Groesse und Macht zu ueberzeugen, zum anderen auch der Versuch, den geflohenen rechtmaessigen Kaiser aufzuspueren und sich seiner habhaft zu machen. Darum ist in den Berichten ueber die grossen Seefahrten auch nicht von Handelsguetern die Rede, whol aber, dass Huldigungsgeschecnke (Tribute) ohne wirtschaftlichen Wert an den Kaiser von den fremden Laendern mit zurueckgebracht wurden. Die Ratgeber am Kaiserhof haben wiederholt auf die Nutzlosigkeit dieser Seefahrten fuer China und die grossen Kosten fuer den Schiffbau und die Soldaten und Seeleute hingewiesen. Der Kaiser durfte aber nicht direkt getadelt und kritisiert werden. Nur Gott konnte ihm durch ein Zeichen seine Fehler bewusst machen. So wird auch der Brand der drei Kaiserpalaeste nach dem Auftrag zur 7. Expedition 1424 gedeutet. Der Brand fuehrte zum Aufgeben den grossen Fahrten, zur Einstellung des Kaiserlichen Grosschiffsbaues und spaeterhin wiederum zur Abwendung der kaiserlichen Politik von der Ueberseeschiffahrt. Diese ueberliess man in den naechsten Jahrhunderten Auslaendern (Portugiesen, Hollaendern, Englaendern), Seeraeubern und privaten chinesischen Unternehmen.

Eine Uebersicht ueber die Expeditionen, die Cheng-ho unternommen hat, ergibt sich aus der Regierungsgeschichte der Ming-Dynastie. Am Kaiserhof war jeweils ein unabhaengiger Beamter, der keine Weisungen entgegennehmen durfte, damit beauftragt, die Ereignisse laufend zu verzeichnen. So wurde fuer jede Dynastie die Regierungsgeschichte niedergeschrieben. Zwei weitere wichtige Dokumentationen der Fahrten Cheng-hos sind die beiden Denksteine, deren Inschriften er selbst veranlasst hat. Der eine Denkstein steht in dem Tempel Tienfe in Liu-ho bei Sutschou (Soo-Chow), der andere in dem Tempel Tienfe am Suedberg Changlo in Futschou (Foo-Chow), der 1931 ausgegraben und wieder in dem Kreisregierungsbau aufgestellt wurde. Tienfe heisst Schutzgoettin fuer Schiffahrt. Ausserdem gibt es Berichte der Mitfahrer Cheng-hos, wie z.B. der Mohammedaner Ma-huan (bei der 3., 5. und 8. Fahrt),

Fe-hsin (Bei der 2., 3. und 8. Fahrt), Gun-Tschen (8. Fahrt). Waehrend in diesen Berichten nur von 7 Fahrten gesprochen wird, tatsaechlich aber acht von Cheng-ho ausgefuehrt wurden, so liegt es daran, dass von dem einen oder anderen die 2. oder 6. Fahrt nicht mitgezählt wurden und nur als Teil einer anderen betrachtet wurden. Hiersuf wird spaeter noch einzugehen sein.

Cheng-hos acht Expeditionen auf See hatten folgenden Verlauf. Nach dem Entschluss, Ueberseefahrten im grossen Stil aufzunehmen, dauerte es zwei Jahre, um die erforderlichen zahlreichen grossen Schiffe zu bauen.

Die *erste Fahrt* begann auf des Kaisers Yung-lo Befehl vom 15. Juni 1405 gegen Ende dieses Jahres, nachdem der Schiffbau beendet und guenstiger Nordwind abgewartet worden war. Die Rueckkehr erfolgte am 2. Mai 1407 Die Fahrt ging ueber Campa (Vietnam), Java bis *Palembang* (damals als Sri Viyaya genannt) in Sumatra. Dort wurde Cheng-ho von Sze djin-tchin, dem zweiten Fuehrer der Ueberseechinesen in Sumatra begruesst. Er stammte aus der Provinz Fukien, waehrend der erste Fuehrer aus der Provinz Kuangtung stammte, aber in einem anderen Ort in Sumatra lebte. Sze warnte Cheng-ho vor dem Seeraeuber Tsen dzu-yu, sodass er ihm siegreich begegnen konnte. Bei dem Ueberfall durch Tsen wurden 50 Mann getoetet und Tsen selbst gefangen genommen. Cheng-ho brachte ihn mit einer kleinen Flotte zum Kaiser, von dem er mit dem Tod bestraft wurde.

Der Ueberseechinesenfuehrer Sze sandte im naechsten Jahr seinen Schwiegersohn mit Tributen zum Kaiser nach Nanking. Palembang auf Sumatra gehoerte zunaechst zum Reich Vijaja, welches in das Neue Reich Majapahit, das sich auf Java gebildet hatte, eingegliedert wurde und damit zu existieren aufhoerte. Da aber Sumatra von Java aus nicht zu regieren war, uebernahmen die in Palembang wohnenden Ueberseechinesen selbst die Verwaltung. Zur Zeit von Cheng-hos erster Fahrt standen sie unter der Fuehrung von Sze Djin-Tsing. Palembang wurde daher vom Kaiser als Teil Chinas betrachtet, er setzte dementsprechend einen Regierungs-bevollmaechtigten, was einem Gouverneur entsprach, ein. So wurde auf Empfehlung Chen-hos Sze Djin-

Tsing vom Kaiser mit Goldsiegel und Tracht als Bevollmaechtiger in Palembang eingesetzt und Cheng-ho beauftragt, die Ernennung an Sze zu ueberbringen. Dieser war 17 Jahre lang Bevollmaechtiger. Seitdem gab es einen Regierungsbeamten in Sumatra. Dieser Bevollmaechtiger war nur beauftragt, die Ueberseechinesen zu regieren, nicht aber die Eingeborenen. Das ist der Unterschied zwischen Chinesen und Europaeern. Seit Jahrhunderten waren Chinesen aus den uebervoelkerten suedlichen Provinzen (vor allem Fukien und Kuangtung) in kleineren Gruppen in die Kuestengebiete des Suedchinesischen Meeres ausgewandert und bildeten teilweise grosse Gemeinschaften.

Cheng-ho hat bei seiner Rueckkehr zum Kaiser den Grossteil seiner Flotte mit mehr als 65 Schiffen und 25,000 Mann in Sumatra gelassen und den gefangenen Seeraeuber Tsen persoenlich nur mit wenigen Schiffen zum Kaiser gebracht. Nur elf Tage nach seiner Rueckkehr hat ihm der Kaiser bereits den Auftrag zur zweiten Ausfahrt gegeben. Da dies in der Regierungsgeschichte jedoch nur als Verlaengerung der ersten Expedition angesehen wurde, werden keine weiteren Einzelheiten geschildert. Die Fahrt dauerte 2 Jahre und drei Monate, aber nur 20 Monate auf See.

2. *Fahrt.* Der keiserliche Befehl zur Ausfahrt erfolgte am 13. September 1407. Da die Hauptflotte in Sumatra geblieben war, konnte Cheng mit wenigen Schiffen schon im Oktober ausfahren, um zunaechst anlaesslich der Verleihung des Siegels an den Regierungsbevollmaechtiger Sze die Flotte zu treffen. Die Fahrt ging weiter bis an die suedwestindische Kueste bei Calicut (nicht das heutige Calcutta im Gangesdelta). Die Rueckfahrt ging ueber Cochin und Siam. Die Laender haben verschiedene Tribute angeboten. Unter denen, die Cheng-ho dem Kaiser mitbrachte, waren nach Berichten in der Regierungsgeschichte seltene Tiere und Voegel, sonst nichts Bedeutsames. Darum wird wohl auch diese 2. Fahrt in der Regierungsgeschichte nicht erwaehnt.

Die Rueckkehr der Flotte soll nach den Aufzeichnungen auf den Denksteinen 1409 erfolgt sein. Aber Cheng-ho selbst muss schon vor dem 18.9.1408 am

Hof zurueck gewesen sein, vor dem 3. Expeditionsauftrag des Kaisers. Diese Fahrt dauerte demnach nur 10-11 Monate.

3. *Fahrt.* Der Auftrag wurde am 18.9.1408 erteilt. Die Ausfahrt erfolgte vielleicht erst Anfang des naechsten Jahres, nachdem der Grossteil der Flotte zurueckgekommen war. Bei dieser Fahrt war Cheng-ho in Cochin, Quilon, Lambri, Koyampali und Abadan. Es ist durchaus moeglich, dass er einen Teil der Flotte an die suedindische Kueste und nach Sumatra geschickt hat und Ceylon als Basis benutzte. Bei dieser Fahrt hat er bei der Ankunft in Ceylon wahrscheinlich einen grossen Sturm ueberstanden und einen Denkstein mit Geschenken und einen Tempel in Kotte errichtet. Auf seiner Hinfahrt 1409 hat er den Koenig von Ceylon wegen eines Ueberfalls festgenommen und am 16.6 .1411 an den chinesischen Kaiserhof gebracht, wo er sofort freigelassen und zurueckgeschickt wurde, wie auf der Steintafel in Liu-ho eingraviert ist. Dr.G.C.Mendis hat in seinem Buch "Ceylon yesterday and to-day" 1955 erwaehnt, dass Cheng-ho im Jahr 1405 auf seiner ersten Fahrt Krieg mit dem Koenig von Ceylon gefuehrt hat, erwaehnt aber keine Gefangennahme. Jahr und Fahrt muessen falsch angegeben sein. Diese Fahrt hat 30 Monate gedauert.

4. *Fahrt.* Der kaiserliche Befehl erfolgts am 15.Nov . 1412. Die Fahrt sollte sich bis Hormuz erstrecken, der Basis der arabischen Kaufleute am Persischen Golf fuer den Handel mit dem Orient. Es sind sieben Jahre nach der ersten Fahrt. Nicht allein muessen die Schiffe ueberholt und repariert werden, es muessen auch Dolmetscher ausgesucht werden. Cheng-ho fuhr nach Si-an, um in der Moschee arabisch sprechende Leute zu gewinnen. Hassan wird mitgebracht. Im Winter naechsten Jahres begann die 4. Fahrt. Erst jerzt wurde Cheng-ho als Admiral bezeichnet (daher Admiral Cheng-ho der englischen Encyklopedie). Er erreichte Hormuz im Jahr 1413 (Vasco da Gama erst 1498). Der Rueckkehrtag war der 8. Juli 1415

Auf seiner Hinfahrt ueber Ceylon hat Cheng-lo einen neuen Koenig, Parakkama Bahu Raja, nach dem Willen der Ceylonesen eingesetzt. In

Sumatra hatte Sekander den Koenig entthront und selbst als Koenig den Thron bestiegen. Der verjagte Koenig bat am chinesischen Kaiserhof um Hilfe. Deshalb hat Cheng-ho auf dieser Fahrt auch Sekander festgenommen. Aus dem Regierungsbericht des Kaisers Yung-lo geht hervor, dass Cheng-ho auf dieser Fahrt Malakka, Java, Campa, Sumatra, Aru in Nordwestsumatra, Cochin, Calicut, Lambri, Pahang, Kelantom usw. besuchte und dann weiter die arabische Halbinsel entlang fuhr bis Aden und suedwaerts an der ostafrikanischen Kueste bis Mogadisco, Brawa und Jubo in Somalia. Auf den Denksteinen werden sie nicht ausfuehrlich erwaehnt ausser Hormuz. Es ist moeglich, wie aus einem Buch des Gelehrten Dschu Yun-ming hervorgeht, dass Cochin oder Ceylon als Basis dienten und von dort ein oder zwei Teilflotten an die afrikanische Kueste entsandt wurden. So wird in dem kaiserlichen Bericht erwaehnt, dass in den Jahren 1425 und 1426 Tribute aus Mogadisco, Brawa und Jubo an den kaiserlichen Hof geliefert wurden. Die 4. Fahrt dauerte 30 Monate.

5. *Fahrt.* Der kaiserliche Auftrag erfolgte gemaess der Regierungsgeschichte am 10.12.1416. Aber auf dem Denkstein in Chuan-dschou hat Cheng-ho den 16. Mai 1417 angegeben. In diesem Jahr haben 19 Reiche dem Kaiserhof Tribute geliefert, wie z.B. Loewen, Leoparden, Pferde aus Hormuz, Kamgani, Aden, Hirsche und Loewen aus Mogadisco, Kamele und Strausse aus Brawa. Gegen Ende des Jahres wurde Cheng-ho beauftragt, die Botschafter aller Laender, die Tribute gebracht hatten, mit Geschenken wieder zurueckzubringen. Darum war er in Calicut, Java, Malakka, Campa, Ceylon, Mogadisco, Malediven, Lambri, Brawa, Aden, Lasa (oestlich von Aden), Hormuz, Cochin, Salibari, Pahang, Sri Vijaya (Palembang), Sumatra. In Cochin hat Cheng-ho dem Koenig auch ein Koenigssiegel verliehen, ausserdem noch einem Berg den Namen Dsen-kuo gegeben, mit einem Denkstein, dessen Schrift der Kaiser persoenlich entworfen hatte. Die Rueckkehr erfolgte im Jahr 1419. Die Fahrt hat 26 Monate gedauert.

6. *Fahrt.* Der Auftrag des Kaisers erfolgte am 30.1.1421. Die Ausfahrt war im

Maerz. Schon am 18. August des naechsten Jahres war Cheng-ho zurueck mit einem Botschafter aus Sulu, einer kleinen Insel zwischen Borneo und den Philippinen. Einen Bericht ueber diese Fahrt kann man nicht finden. Aber Pater Fan-Hau und Prof. Hsü-yü-hu behaupten, dass diese Fahrt Djofar, Aden und Ostafrika erreicht hat, und ausserdem noch eine andere Fahrt zu den Malediven und nach Borneo unternommen wurde. Vielleicht hat Cheng-ho wie auf der 8. Fahrt Cochin oder Ceylon als Basis eine Teilflotte nach den Malediven, und Campa als Basis fuer eine Teilflotte nach Borneo und Sulu benutzt. Diese Fahrt dauerte 20 Monate auf See.

7. *Fahrt.* Diese Fahrt sollte auf kaiserlichen Auftrag vom 16. Januar 1424 hin erfolgen. Sie ist aber nicht auf den Denksteinen vermerkt, da Cheng-ho diese nicht als Auslandsreise rechnete. Vielmehr wurde sie vom Kaiser wegen der Zerstoerung von drei Palaesten durch Feuer abgesagt. Der Brand wurde als Zeichen Gottes gedeutet, dass der Kaiser etwas Schlechtes getan habe, der Brand eine Warnung Gottes an den Kaiser sei und dieser willig den Fehler herausfinden und verbessern muesse. So hat der Kaiser den Schiffbau einge-stellt. Cheng-ho war beauftragt, Siegel und Tracht Sze Dji-sen, dem Sohn des verstorbenen Bevollmaechtiger Sze djin-Chin als seinem Nachfolger zu verleihen. So war Cheng-ho mit einer nur kleinen Flotte schon im August desselben Jahres zurueck, als der Kaiser Yung-lo bereits tot war.

Der Gelehrte, Tsu-ying-ming hat bei den Fahrstrecken die Fahrzeiten genau notiert:

Ausfahrtshafen Liu-ho, we ein Denkstein steht,	
— Fu-tschou	10 Tage
Futschou — bis Campa	16 ”
Campa — bis Surabaya in Java	25 ”
Surabaya — Palembang	11 ”
Campa — Abfahrtshafen Liu-ho	21 ”

Diese Fahrt konnte also gut in sechs Monaten geleistet werden, und sie hat diese Zeit gebraucht.

Es gibt sehr viele Erzaehlungen ueber den Streit zwischen den Kindern des
Bevollmaechtiger Sze in Palembang. Sze hatte einen Sohn, das ist der Nach-
folger auf seinem Posten, und zwei Toechter. Diese haben sehr viel mit ihrem
Bruder gestritten, was im Volksmund weitererzaehlt wird. Eine Untersuchung
dieser Erzaehlungen wird ergeben, weshalb es nach dem Sohn keine weiteren
Nachfolger als Regierungsbevollmeechtier in Palembang gegeben hat.

Es gibt sehr viele Erzaehlungen ueber den Streit zwischen den Kindern des
Bevollmaechtiger Sze in Palembang. Nach den Forschungen von Chang Chi-
San und Peam in Rangoon ergibt sich folgende Darstellung: Sze hatte zwei
Toechter und einen Sohn, der der juengste war. Der erste Schwiegersohn war
ein Malaye namens Regnant Kjai Sambadja, ein maechtiger Mann im Staat
Majapahit. Nach seinem fruehen Tod wurde seine Frau, also die aelteste
Tochter von Sze, Hafendirektor in Gresik in Java* und hatte den Schiffsverkehr
und die Steuern zu verwalten. Sie hatte den malayischen Namen Pinate oder
Penatih. Ihr Stiefsohn begruendete zusammen mit ihr den Islam in diesem
Gebiet und baute eine Moschee, die von den oertlichen Glaeubigen als Mekka
II bezeichnet wurde. Auch in einem anderen Fall wird ueber Pinate berichtet.
Die Ueberseechniesen in Sumatra waren Verbuendete des Reiches Riukiu.
Dieser Koenig war vom chinesischen Kaiser ernannt worden. In der Staats-
berichten von Riukiu befindet sich ein Brief von Pinate, in dem sie sich als
"bescheidene Frau, erste Tochter Sze's Pinate aus Palembang" bezeichnet.

Auch die zweite Tochter von Sze war beruehmt und sehr taetig. Da ihr Bruder
juenger war, hatte Sze ihren Mann, also seinen zweiten Schwiegersohn, bereits
das erstemal mit Tributen zum Kaiser gesandt, worauf Sze zum Regierungsbevollmaechtiger ernannt wurde. Deshalb beanspruchte die zweite Tochter
nach Sze's Tod 1421 die Nachfolge als Regierungsbevollmaechtiger in Palembang. Hiergegen beschwerte sich der juengere Bruder beim Kaiser und wurde
von diesem daraufhin selbst in diesem Amt als Nachfolger seines Vaters

---

*Gresik wurde von Chinesen als Neuhafen genannt, im Gegensatz zu Palembang
als Althafen.

bestaetigt. Trotzdem behielt seine Schwester die Regierungsgewalt fest in ihrer Hand, wie Ma-Huan, der die 8, Fahrt Cheng-hos nach Palembang mitmachte, berichtet.

8. *Fahrt.* Nach dem Tod des Kaisers Yung-lo und der Rueckkehr von der 7. Fahrt wurde Cheng-ho von dem neuen Kaiser Hsüan-dschun, Sohn Yung-los als Militaergouverneur in Nanking mit seinen vier Divisionen stationiert. Es hat nicht ganz fuenf Jahre gedauert. Der Kaiser war sehr empoert, dass viele Laender jahrelang die Tribute (Huldigungsgeschenke) eingestellt hatten. So gab er Cheng-ho am 9. Juni 1430 den Auftrag, eine neue Expedition zu unternehmen. Der Gelehrte Tsu-ying-ming hat diese Fahrt genau aufgezeichnet, sodass gut zu verfolgen ist, was Cheng-ho als Basis genommen hat und wohin die Teilflotten entsandt wurden. Ausserdem sind die Fahrstrecken, die Aufenthaltsdauer in verschiedenen Haefen zu ersehen, und ob Cheng-ho persoenlich dabei war. Auf dieser Fahrt war die Flotte in den folgenden Laendern und Haefen: Hormuz, Ceylon, Calicut, Malakka, Cochin, Brawa, Mogadisco, Lambri, Sumatra, Lassa, Malediven, Aru, Aden, Djofa, Djobo, Cail, 20 Laender und Palembang. Nach dem Buch von Chow Jo-sen soll eine Teilflotte sogar nach Mekka geschickt worden sein. Genau wurden die dolgenden Teilflotten notiert:

1) von Campa aus zwei Teilflotten nach Borneo und Siam,
2) eine Teilflotte von Sumatra aus nach Bengalen,
3) von Ceylon aus zwei Teilflotten nach Malediven und Quilon,
4) von Quilon aus wieder zwei Teilflotten nach Cochin und Ostafrika.

Ob Madagascar auch erreicht wurde, laesst sich nicht feststellen. Ich halte es fuer moeglich, denn sonst wuerden die Chinesen dort nicht jaehrlich zum Andenken von Cheng-ho feiern.

5) Von Calicut aus zwei Teilflotten nach Hormuz (die Hin-und Rueckfahrt hat 35 bzw. 23 Tage gebraucht, und die Teilflotte war dort nicht ganz zwei Monate) und Djofar bis Aden. Alle Teilflotten kamen dann in Calicut zusammen. Die gemeinsame Rueckfahrt von dort aus begann am 20.3.1433.

Am 6. Juli 1433 war der Heimathafen erreicht. Die Rueckfahrt hat demnach 75 Tage gedauert. Von der Ostafrikafahrt ist leider nichts aufgezeichnet.

Die achte und letzte Fahrt hat also 31 Monate gedauert. Drei Jahre nach dieser Fahrt ist Cheng-ho gestorben. Er hat 64 Jahre gelebt. 28 Jahre lang hat er die Seefahrt betrieben im Alter von 35-63 Jahren. Zusammengezaehlt war er 173-174 Monate aus See. Im Vergleich mit Christoph Columbos lebte Cheng-ho 81 Jahre vor ihm, und seine Seefahrten haben 87 Jahre vor Columbos begonnen. Cheng-ho war 28 Jahre auf See, Columbos nur 12 Jahre, Cheng-ho 173,5 Monate, Columbos 90 Monate. Ausser der ersten und sechsten Fahrt war Cheng-ho sechs mal in Ceylon, Calicut, Cochin, viermal in Hormuz, zweimal an der arabischen und ostafrikanischen Kueste. In Malakka und Sumatra hat Cheng-ho je eine Werft gebaut fuer Schiffsreparatur, Depots fuer Nachschub und Handelsgueter. Die Spuren dieser beiden Werften muessen noch gefunden werden. In Campa, Sumatra, Palembang, Malakka und Surabaya war Cheng-ho auf jeder Fahrt hin und zurueck. Deshalb gibt es so viele Andenken und Legenden von ihm an diesen Stellen.

TABELLE

DIE ACHT SEEFAHRTEN CHENG HO'S AUS VERSCH. QUELLEN

JAHR		Hin-u. Ruckfahrtzeiten		Rekord Nach		nach FAN-HAU	Verfasser	Wichtige Ereignisse
Nach Ming's Kaiser	A. D.	Auftrag gestellt	Rückkehr Züm Hof	A	B			
2	1404							
3	05	13.6						
4	06	1		1	1	1	1	
5	07	13 Sept.	2 Sep.					
6	08	28 Sept. 2	18 Sep.		2	2	2	Aufstellung der Steintafel in Galle am 1. Feb.
7	09							
8	1410	3		2	3	3	3	Haupt u. Ceylon festgenommen u. nach China gebracht
9	11		16 Jun.					
10	12	15 Nov.						
11	13							Als Admiralbringt Cheng-Ho den gefangenen König zuriuck nach Ceylon u. einen neuen aufgesetzt. Konig v. Summatra gehaftet
12	14	4		3	4	4	4	
13	15		8 Juli					
14	16	10 Dez.						
15	17							Cheng Ho bringt alle Gesandten von 16 Ländern persönlich zúruck
16	18	5		4	5	5	5	
17	19		17 Jul.					
18	1420							
19	21	30 Jan.						
20	22	6	18 Aug.	5	6	6	6	
21	23							
22	24	16 Jan. 7	Vor Aug;	6			7	Verleihung des neuen Reg. bevollmächtigten in Palembang
23	25							
5	1430	9 Juni						
6	1	8						A. Ming's Geschichte
7	2			7	7	7	8	B. Denkstein aufgestellt von Cheng Ho persönlich
8	3		16 Juli					
9	4							
10	5							Tod Cheng Ho's im Alter 65

Kaiser Yung-Lo (Jahre 2–23); Kaiser Hüän-De (Jahre 5–10)

Kapitel IV

Schiffbau und Seefahrtstechnik

A. Schiffbau

(Vergl. Chinesisch S. 18, 36-38)

China als ueberdimensionales Festland hat sich immer als Reich der Mitte betrachtet und die Seefahrt vernachlaessigt. Nur in der Zeit der Drei Reiche im 2. Jahrhundert mit der Reichsgrenze zwischen ihnen am Yangtzekiang wurden Schiffe gebaut, allerdings nur Flusschiffe mit flachem Boden. Seit der Tang Dynastie im 8.-10. Jahrhundert haben die Araber Schiffahrt bis Kanton in Suedchina und Handel mit der ostasiatischen Laendern betrieben. Seitdem fingen auch die Chinesen an, Seeschiffe zu bauen, sodass gegen Ende der Tang-Dynastie der Schiffbau in China den arabischen ueberfluegelt hat.

In Tang's Zeit fluechteten wegen der Rebellion unter der Leitung von Huang-tsau viele Chinesen nach Uebersee, besonders viel nach Palembang in Sumatra (damals Sri Vijaja genannt). Spaeter wurde es vom neuen Reich Majapahit im erobert, ohne das ganze Land Sri Vijaja in Sumatra verwalten zu können. Somit uebernahmen die Ueberseechinesen dort in verschiedenen Orten selbst die Verwaltung. Die beruehmtesten Leiter waren Sze Djin-ching und Chen Tsu-yi. Der arabische Reisende Masudi hat in seinem Bericht im Jahre 943 nach seiner Reise in Sumatra auch besonders erwaehnt, dass sehr viele Chinesen auf der Insel Ackerbau treiben. Der beruehmte buddhistische Moench Yi-chin hat, wie der Historiker Tsu Shiu-shia festgestellt hat, auch dort mehr als zehn Jahre gelebt.

Durch die falsche Politike des Begruenders der Sung-Dynastie nach Tang und die Entwaffnung saemtlicher Generaele war die ganze Sung-Dynasie sehr belastet. Die Regierung stand dauernd unter der Bedrohung von fremden Reichen, besonders im Norden, Hsia im Nordwesten, Liau spaeter Djin (Chin) im Nordosten. Schliesslich mussten die Nachkommen des Kaisers das grosse

Gebiet noerdlich des Yangtzekiang abtreten und die Hauptstadt nach Ning-an (jetzt Hanchow in Chekiang) verlegen.

Deswegen war Sued-Sung gezwungen, mittels Seeschiffen Geschaefte mit Suedseelaendern zu treiben. Auch deswegen entwickelte sich der Schiffbau. Wie Wu Tse-mu in seinem Buch schildert, trugen die groesseten Seeschiffe 300 t (gemessen mit Reissaecken, so viele Saecke wiegen ein Liau, rund 60 kg) . Die groessten Schiffe konnten 5000 Liau, als 300 t Reis tragen oder bis 500-600 Menschen. Der Araber Ibn Batuta, voller Name Abu Abdullah Mohammed Ibn Batuta, geboren 24.2. 1304 in Tangier, Marokko, hat nach seiner Reise in den Fernen Osten dem Sultan berichtet, und dieser liess es von dem in Granada geschulten Moh. Ibn Yuzai aufschreiben. Seine Handschrift liegt jetzt in der Pariser Staatsbibliothek. Er berichtete, die groessten chinesischen Seeschiffe besassen drei Masten und konnten 1000 Menschen tragen. Die Steuer eines chinesischen Schiffes in Malaya betrug 1000 Dinar, also 100 bis 1000 mal so viel wie die Schiffe aus anderen Laendern.

Nach Sued-sung beherrschten Mongolen China (1270-1367). Der Nachfolger Jenghis-Khan.s Kublai hat versucht (1274 und 1281), Japan zu besetzen mit 40,000 Mann und 900 Schiffen (die Kriegsschiffe waren klein und leicht beweglich). Durch einen Taifun nahe dem Japanischen Meer ist die ganze Truppe umgekommen. Dann hat der mongolische Kaiser im Jahr 1282 nach der Eroberung der Provinz Yunnan auch eine Flotte nach Java geschickt, mit 3000 Mann und 500 Schiffen. Nach dem Sieg in Java sind beim Rueckzug viele chinesische Soldaten dort geblieben, besonders viele in Palembang. Das erklaert, weshalb spaeter sehr viele Chinesen in Palembang waren.

Der Englaender Joseph Needham wie das Sonderheft "China" des Life-Magazins vermerken, dass der Schiffbau und die Seefahrtskarten in China im 13. Jahrhundert sehr entwickelt waren, sodass Cheng-ho im 15. Jahrhundert die grossen Expeditionen unternehmen konnte. Angaben ueber die Schiffe zu Cheng-hos Zeit kann man in der Novelle von Lo Mau-den, geschreben in

den Spaetjahren Cheng-hos, finden und zwar mit folgenden verschiedenen Groessen:

1) Pao Tsuan (Hauptschiff)   444' x 180,9' mit 9 Masten

2) Ma-Tsuan (Pferd-Schiff)   370' x 150'   mit 8 Masten

3) Lian-Tsuan (Reis-Schiff) 280' x 120'   mit 7 Masten

4) Tso-Tsuan (Befehlsschiff) 240' x 94'   mit 6 Masten

5) Tsan-Tsuan (Kriegsschiff) 180' x 68'   mit 5 Masten

Die Proportion von Breite zur Laenge bleibt immer 4: 10, Tauchtiefe rd. 1/10 der Schiffslaenge. Auf dem Denkstein in dem Tempel Djin-hai, Nanking, der von Cheng-ho persoenlich aufgestellt wurde, werden die verschiedenen Arten der Schiffe vermerkt: 2000 Liau (120 t), 1500 Liau (90 t) und Schiffe mit acht Rudern.

Seeschiffe werden anders gebaut als Fluss-Schiffe. Sie haben ausser einem starken Stamm in voller Schiffslaenge noch einen tiefen Kiel. Ausserdem regen Schiffskopf und Schiffsende (Bug und Heck) hoch nach oben. Das Heck des Schiffes hat drei Stock, die Mitte vier Stock. Der unterste Stock wird mit Erde und Steinen gefuellt, um den Schwerpunkt des Schiffes moeglichst tief zu setzen, damit das Schiff sicher fahren kann. Die Tauchtiefe des Schiffes betraegt bis 12 Fuss. Der Schiffsantrieb geschieht nur durch Wind.

Nachdem Yung-ho den Kaiserthron bestiegen hatte, hat er sofrot das Verbot seines Vaters, des Begruenders und ersten Kaisers der Ming-Dynatie nach dem Umsturz der mongolischen Dynastie Yuan aufgehoben, das Verbot des Ueberseehandels mit nicht chinesischen Laendern. Schon gleich zu Anfang hat er den grossen Schiffbau begonnen, der waehrend seiner Lebenszeit nie aufgehoert hat. Aus der Ming-Geschichte geht ueber den Schiffbau hervor:

1. Jahr Yunglo's: 250 Seeschiffe (in Fukien gebaut)

2. Jahr Yunglo's: 50 Seeschiffe (in Nanking) und fuenf in Fukien

3. Jahr Yunglo's: 1180 Schiffe (in Chekiang)

5. Jahr Yunglo's: 249 Seeschiffe fuer die Expeditionen

6. Jahr Yunglo's: 37 Seeschiffe (Umbau in Chekiang)

7. Jahr Yunglo's: 48 Seeschiffe (in Chekiang)

17. Jahr Yungol's: 41 Pao-Tsuan (Hauptschiffe)

Insgesamt 680 Seeschiffe und 1180 anders Schiffe.

Wie gross Cheng-hos Flotte war, ist schwer in der Regierungsgeschichte festzustellen. Man findet nur eine Zahl von 62 Schiffen, welche sich vielleicht nur auf die groessten Schiffe bezieht. Die kleineren wurden also nicht gezaehlt.

Bei jeder Expedition war die Zahl der Mitfahrer mindestens 27 000 Mann. Aus sechs Berichten von verschiedenen Schriftstellern in der Ming-Zeit geht hervor:

Fahrt	Jahr	Yung-Lo Reg. Zeit	Mitfahrer	Quelle
1	1405	3. Jahr	27 800	Ming-Geschichte
2	1406	4. Jhr	27 000	Dschue Wu Lu
3	1409	7. Jahr	27 000	Fe Shin
4	1413	11. Jahr	20 000	Cheng Hsiao (1499-1566)
5	1417	15. Jahr	27 600	Ma-huan
8	1430	5. Jahr	27 500	Tsu Yun Ming

Hsüän-De (Yunglo's Sohn)

Es ist leicht zu verstehen, dass so viele Menschen unmoeglich in 62 Schiffen unterzubringen waren. Kriegsschiffe, Reis-, Komandantenschiffe sowie Pferdschiffe muessen noch dazu gehoeren. Schade, dass ich keinen Bericht finden kann. Unter den 27,000 Mann waren vier Divisionen Truppen des Kuestenschutzes mit je 5,600 Mann, also Offiziere und Mannschaften, wozu Schatzmeister, Buchfuehrer, Aerzte, Wettervorhersager, Sternbeobachter, Dolmetscher, Seeleute, Schiffbauer, Tischler, Steinhauer, Maurer, Geruestbauer usw, kamen.

B. Seefahrtstechnik

1) *Monsun.* Schon in der Sung-Dynastie wusste man bei der Seefahrt den

Monsun zu benutzen. In dem Buch von Chu Yueh wird berichtet, dass die Seeschiffe von November bis April mit dem Nordwind suedwaerts fahren und ab Mai die Rueckfahrt mit dem Suedwind durchfuehren muessen. Nur muss man der Gefahr der Taifune entgehen.

Die Seeschiffe konnten wegen des grossen Gewichts und der grossen Dimension die lange Fahrt nicht mit Rudern durchfuehren. Cheng-ho hat bei seiner ersten Fahrt im Suedchinesischen Meer einen Taifun getroffen und ist in grosse Gefahr geraten. Deshalb hat er oefters in den Tempeln Gedenksteine aufgerichtet, um Gott fuer den Schutz zu danken.

2) *Seefahrtskarten.* Wie Needham feststellte, hat Cheng-ho schon gute Seefahrtskarten besessen. Prof. Shü-yü-hu hat in seinem "Research on Cheng-hos Chart" sie genau beschrieben. Die Karte, die Cheng-ho besass und die J.J.Duvendak, Paul Pelliot oder der Japaner Tentien Funba dafuer halten, befindet sich im Ming-Zeitbericht und wurde im Jahr 1430 gefertigt. Die Karte hat eine Laenge von 21'-7,9" und eine Hoehe von 8" und reicht von der Nankinger Werft bis Malindi in Kenya, Ost-Afrika. Die Karte ist jetzt im Britischen Museum in London. (Vergl. Chin. S. 39-42)

Die Karte wurde der Fahrtrichtung nach immer vorwaerts und zwar von Rechts nach Links aufgezeichnet, fuer jede Strecke ist genau Fahrwinkel, Fahrtiefe, Zielentfernung und Fahrzeit angegeben, von dem ersten Ziel ab, dann die naechste Strecke usw. Fuer Hin-und Rueckfahrt gibt es jeweils andere Fahrtangaben. Hsü-Yü-Hu und Chow Jo-sen haben alle genau geprueft. Hsu hat dabei festgestellt, dass die Genauigkeit sehr gross ist, wenn man die eingezeichneten Angaben auf die moderne Karte uebertraegt. Man muss sich wundern, dass die Chinesen schon vor dem 14. Jahrhundert solche Karten besassen.

3) *Kompass mit Magnetnadel.* Man hat damals den Kompass nur in 12 Teile geteilt und mit 12 Ziffern bezeichnet, mit der Mittagsziffer Wu im Sueden. Dann wurde jeder Teil wieder in zwei Haelften geteilt, damit jeder Teil einer Genauigkeit von 7,5° entspricht. Auf dem Kompass setzte man die Magnet-

nadel frei beweglich auf eine Stuetznadel oder auf Wasser schwimmend oder in der Luft haengend. Chu-Yue in der Sung-Dynastie hat dies in seinem Buch beschrieben. Die Magnetnadel ist in Form eines Fisches aus duennem Eisenblech geschnitten, mit einer Breite von 0,2", einer Laenge von 2", mit einer Spitze an jedem Ende. Anfangs wurde die Nadel nur mit Feuer gebrannt und nachher mit Magnetstein geschliffen. Die Spitze zeigt immer Nord-Sued, aber mit je einer Abweichung von Ort zu Ort, etwas oestlich von Sued. (chin· S.40-43)

4) Fahrgeschwindigkeit und Zeitmessen. Damals hat es noch keine Uhr gegeben, man benutzte nur die Sanduhr. Feiner Sand wurde in eine Weinvase aus Porzellan gefuellt. Zwei Vasen wurden aufeinander gestellt. Beim Tropfen des Sandes aus der oberen Vase wurde die untere gefuellt, sodass nach dem Entleeren der oberen Vase die untere voll wurde. Dann wurden die beiden getauscht. Die Messzeit nennt man Gen, d.h. einmal entleeren der Sandvase. Ein Gen entspricht etwa 2,4 Stunden. Ein Tag hat also 10 Gen. In jedem Gen kann das Schiff 40-60 Li (20-30 km) fahren. Um die Schiffahrtsgeschwindigkeit zu messen, wirft man Holzspaene vom Schiff in das Meer und geht zu Fuss gleichzeitig an Board von vorn nach hinten. So kann man Fahrgeschwindigkeit und Laufgeschwindigkeit vergleichen.

5) *Wassertiefenmessung.* Sie geschah mittels einer Schnur aus festen Fasern in einer Laenge von 125' (kurz als 100'-Schnur bezeichnet). Bei jeder Armspanne (d.i. die Laenge zwischen beiden ausgestreckten Armen, To genannt, etwa 5') wird sie mit verschiedenfarbigem Tuch gekennzeichnet. So wird die Wassertiefe oder Fahrtiefe von Ort zu Ort gemessen. Die Schnur wurde mit Senklot aus Eisen beschwert. Das Eisen wurde mit Ochsenfett gestrichen, damit Lehm oder Sand vom Seeboden daran kleben blieb, um die Art des Bodens zu bestimmen. Falls der Boden Fels war, konnte an dieser Stelle nicht geankert werden.

6) *Sternbeobachtung.* An Bord gab as Astronome, die die Sterne beobachteten und bestimmten. Aus den Karten kann man feststellen, dass die Chinesen damals 12 Sterne kannten, wie z.B. Uras Majoris, Uras Minoris im Norden,

Centari im Sueden, Lyra, Kreuz, Perseus u.s.w., Die Hoehenlage (gemessen in Tse, entspr. arabisch Issaba oder Tarde) wurde bei jeder Fahrstrecke auf der Karte eingetragen. Hsü hat herausgefunden, dass ein Tse etwa $1°36'$ entspricht. Mittels solcher Angaben und dem Neigungswinkel zur Fahrrichtung kann man die richtige Fahrrichtung gut halten. Auf den anliegenden Zeichnungen koennen wir dies feststellen. (Vergl. Chin. S. 45, 46)

7) *Waffen.* Es bleibt nur die Frage der Waffen uebrig, die Cheng-ho gebraucht hat. Aus traditionellen Waffen wie Speeren, Messer, Bogen Pfeil und Schild hat man schon im 12. und 13. Jahrhundert Wurffeuer, Wurfsteine einzeln und in Reihen, sogar Kanonen aus Bronze entwickelt. Im Stadtpark von Djakarta waren vier ausgegrabenen Kanonen aufgestellt, die als Cheng-hos Geschenk oder von ihm hinterlassen ansieht.

Kapitel V

Erinnerungsstaetten an Cheng-ho an vielen Stellen Suedostasiens

(Vergl. Chinesisch Karte S. 54)

Bei der Darstellung der Seefahrten Cheng-hos wurde verschiedentlich auf Erinnerungen an ihn hingewiesen, die bis heute, in den Laendern um das Suedchinesische Meer lebendig sind. Sie sind wie folgt verteilt:

A. In China:

1) Die Steintafel in Liu-ho nahe Sootschou, auf der alle Fahrten zu den nicht-chinesisch Laendern von Cheng-ho persoenlich geschildert werden.

2) Die Steintafel in Changlo bei Futschou, die Schilderungen auf dieser Tafel sind in dem Buch von Dschou Djo-sen (Chow Jo-sen) "Die Studien der Seekarten Cheng-hos" woertlich wiedergegeben.

3) Denkschrift auf dem Grabstein von Cheng-hos Vater. Beschreibung und Foto in dem Buch von Hsia Kuan-nan "Geographie und Geschichte Yunnans in der Yuan-Dynastie"

4) Die wieder aufgestellte Steintafel in der Tchin-djin Moschee in Si-an, China.

5) Gebetstafel Cheng-hos auf dem Friedhof der Mohammedaner in Chuen-dschou ausserhalb des Stadttors Jen-fung, in der Provinz Fukien.

B. In Uebesee:

Aber die wichtigsten Erinnerungsstuecke an Cheng-ho befinden sich in den Laendern um das Suedchinesische Meer, den damals von den Chinesen sogenannten Suedozean. Das Auffinden dieser Stuecke erscheint noch leichter als in China.

6) Im Stadtgarten von Djakarta in Westjava stehen bis heute die vier Kanonen aus Cheng-hos Zeit. Mein Freund Lo hat sie gesehen, aber nicht feststellen koennen, ob sie von Cheng-ho hinterlassen worden sind.

Mein Freund Josef C.H.Sun in Singapore, den ich gebeten hatte, die Kanonen genauer zu untersuchen, konnte sie allerdings im Dezember 1981 nicht mehr

finden, da der Stadtgarten inzwischen an einen Chinesen verkauft und zu einem Lunapark umgebaut wurde. Nur in dem Vorgarten des Historischen Museums stehen jetzt noch zwei Kanonen. Ob diese zu den erwaehnten vier gehoeren, ist noch nicht festgestellt worden.

7) In Bogol, 58 km suedlich von Djakarta, gibt es noch einen San-bau Brunnen, San-bau Tempel, San-bau-san (Berg) mit dem Friedhof fuer alle dortigen Ueberseechinesen. Alle diese Staetten tragen den Namen Cheng-hos, da dieser von seinem Vater in der Kinderzeit San-bau (Bedeutung: 3. Schatz gleich 3. Kind) genannt wurde. Sie alle liegen in der Stadt Bogol.

8) In Surabaya, Ostjava, sind noch Tempel, Hoehle, Huegel, Brunnen mit der Bezeichnung San-bau zu finden. Die dortigen Chinesen feiern jaehrlich am 30. Juni, dem angeblichen Landungstag Cheng-hos in Surabaya. Alle Chinesen beten an diesem Tag im Tag im San-bau Tempel. Josef C. H. Sun hat bei einem Besuch des Tampels auf meinen Wunsch im Dezember 1981 festgestellt, dass auf dem Gedenkstein der Geburtstag am 30. Juni angegeben ist, nicht der Landungstag, den die Ueberseechinesen dort feiern.

9) In Palembang, Sumatra, stehen an Cheng-hos Landungsort Simongan und wo er gewohnt hat, noch Cheng-hos Tempel und Erinnerungshalle. Hier hat Cheng-ho zweimal die kaiserlichen Abzeichen Goldsiegel und Tracht dem Regierungsbevollmaechtiger Sze persoenlich verliehen.

Ausserdem traegt noch eine Berghoehle den Namen San-bau.

10) Westlich von Sumatra befand sich auf einer kleineren Insel eine Werft mit Lagerhaus, die mit einem Holzzaun geschuetzt war. Ausserdem sind wahrscheinlich noch Spuren zu finden in Aru und Achin.

11) In Malakka liegt am Westrand der Bucht eine weitere von Cheng-ho erbaute Werft. Ausserdem gibt es eine Stadt, einen Berg und einen Brunnen, die bis heute den Namen Cheng-hos "San-bau" tragen. In Malakka hat der Kaiser 1403, ein Jahr vor Beginn von Cheng-hos Seefahrten, dem oertlichen Landesoberhaupt als Koenig durch einen anderen Eunuchen, Jün-Chin, ein von ihm verliehenes Goldsiegel ueberbringen lassen. Ausserdem wurde ein Berg

getauft beim Aufstellen einer Steintafel mit einem Gedicht des Kaisers. Das Gedicht ist in der Kaisergeschichte verzeichnet. Siegel und Steintafel sind bis heute nicht wieder aufgefunden worden. In Ipoh, 178 km entfernt von Kuala Lumpur, Penang und Kilatan, war Cheng-ho vielmals. Dortige Erinnerungsstuecke sind noch nicht erforscht worden.

12) In Indonesien gibt es nach der Reisebeschreibung des Schriftstellers Minhsio noch viele Andenken an Cheng-ho in Gelam (eine Insel Suedwestlich von Kalimantang), Karimata, Dili Timor, Lambri, Jagronian, Lide, Bilitan, Pulu Bras und Garggala.

13) In Vietnam muesste man viele Erinnerungsstuecke an Cheng-ho finden koennen, da er oft in Campa und Cap Varella war und Campa auch als Basis fuer die Suedflotte diente.

14) Cambodia, die Spuren muessen noch geforscht werden.

15) Thailand. In Bangkok gibt es noch Tempel, Pagode, einen Berg und Hafen mit dem Namen San-bau (Vergleiche das Kapitel "Siam" in der Regierungsgeschichte der Ming-Dynastie und die Beschreibung der Reisen in den Suedozean von Chen Len-chion).

16) Rangoon, keine Spur gehoert.

17) Bengalen und Hafen Chittagon, nichts gehoert.

18) Auf Ceylon gibt es im Stadtmuseum von Colombo noch eine Steintafel, die Cheng-ho in Kotte im Jahr 1409 vor einem Templ aufgestellt hat. Sie wurde von einem englischen Ingenieur in Galle ausgegraben. In einer Schrift des Museums ueber die Fruehzeit ist die Inschrift auf der Steintafel wiedergegeben. Auf dem Stein selbst ist sie wegen zu grosser Verwitterung zum groessten Teil nicht mehr lesbar.

19) Calicut, noerdlich von Cochin an der suedwestkueste Indiens. In der Buechern von Yin-hai-lan-sen (wunderbare Erlebnisse in Uebersee) und Hsi-yang Dji (Reisebericht aus dem Westozean) werden erwaehnt, dass Cheng-ho auf seiner ersten oder zweiten Fahrt hier war und dem lokalen Koenig ein

dem Landeshaupt vom Kaiser verliehenes Goldsiegel ueberreichte, und auch einen Gedenkstein aufstellte. Die Inschrift lautet: "In diesem Land mit einer Entfernung von 100 000 li von China sind die Buerger und ihr Leben immer noch gleich. Lebhaft und sympathisch sind die Menschen auch. Es soll weitere tausend Generationen in Frieden weitergedeihen". In dem Kapitel "Calicut" der Regierungsgeschichte ist aber verzeichnet, dass der Kaiser im Jahr 1403 der Eunuchen Yun-chin dorthin sandte. Im folgenden Jahr bot der Koenig von Calicut dem Kaiserlichen Hof Tribute an und ihm wurde ein Koenigsgold-siegel vom Kaiser verliehen. Dasselbe geschah auch in Cocoin, also vor Cheng-ho. Auf dessen erster Fahrt war er auch in Cochin und sechsmal in Calicut, das er als Basis fuer seine Seefahrten benutzte. Andenken sind bisher nicht gefunden worden. Sie sind vielleicht durch Kriege und die portugiesische Besetzung 80-90 Jahre spaeter verloren gegangen.

20) Cochin. Cheng-ho hat auf seiner 5. Fahrt das vom Kaiser verliehene Koenigsgoldsiegel dem Landeshaupt ueberreicht und ausserdem einen Berg auf den Namen Dsen-Kuo getauft.

21) In Hormus am Persischen Golf war Cheng-ho viermal.

22) Aden, Djofar, Lassa (zwischen Aden und Djofar an der Suedkueste Arabiens).

23) Somalia, Ostafrika, Mogadiscu, Brava, Jumbo oder Jubo. Von den obigen drei Stellen sind auch die Spuren zu forschen.

24) Madagaskar. In dem Buch von Dschou-dschi-mian wird erwaehnt, dass in Java, Sumatra und Madagaskar jaerlich zu Ehren von Cheng-ho gefeiert wird und in den Umzuegen Figuren und Bilder des Seefahrers mitgefuehrt werden. Die Ueberseechinesen sollten solche Andenken und Handlungen sammeln und beschreiben.

25) Die Staedte an der Nordkueste Borneos und auf der Insel Sulu zwischen Borneo und den Philippinen hat Cheng-ho alle erreicht. Erinnerungsstuecke sind bisher nicht gefunden worden.

TABELLE 1

VERGLEIGH DER EXP.U. EREIGNISSE V. CHENG-HO U. COLUMBUS

Lebzeit		CHENG-HO	COLUMBUS
Seefahrtsjahre		1371-1435	1446-1506
Zeit im Schiff		174 Monate	90 Monate
Seefahrtszahl		8	4
Schiffe	Zahl	Mehr als 62	3-17
	Grosse	444' x 180' (-350^t)	55-100^t
Mitfahrer		-17000 jedes mal	108-1500
Ziele der Expedition		1. um Stärke u. Kultur Chinas fremdenVölkern zu zeigen 2. um Aussenhandel zu entw. 3. um Rebellen u. grausame regierende zu vernichten. 4. um Seeverkehr zu entwickeln.	1. um andere Religion zu vernichten u. Christenglauben zu verbreiteren. 2. um Kolonien u·Gold zu erwerben. 3. um zu beweisen, dass die Erde Kugelform hat.
Wichtig Ereignisse		1. dreimal Krieg gefuehrt gegen Angreifer, Rebellen u. grauame Hauptlinge, ohne Land zu besitzen, Religion zu aendern und lokale Reg. zu beeinflussen. 2. Jedes Volk wird geschaetzt, um Freundschaft u. Handel zu foerdern. 3. Seefahrten bis Arabien u. Ostafrikalander entwickelt. 4. Um den Weg der Auswanderung der Chinesen vorzubereiten aber ohne Garantie ihrer Sicherheit.	1. Entdeckung Amerikas, sofort mit Kreuz, Fahne u. Waffe das Land als Kolonie zu besitzen. 2. Mit Macht Land u. Gold zu erobern, ohne lokale Voelker zu schaetzen. 3. Verpflanzung europaischer Kultur u. Religion in Amerika. 4. Vollkommener Sieg der Koloniepolitik.

38